KURT TEPPERWEIN

Das Leben selbst steuern

KURT TEPPERWEIN

Das Leben selbst steuern

DURCH DIE MACHT DER GEDANKEN
ZU MEHR ERFOLG UND ZUFRIEDENHEIT

Bibliografische Information der Deutschen Nationalbibliothek
Die Deutsche Nationalbibliothek verzeichnet diese Publikation in der Deutschen Nationalbibliografie. Detaillierte bibliografische Daten sind im Internet über http://dnb.d-nb.de abrufbar.

Für Fragen und Anregungen
info@mvg-verlag.de

1. Auflage 2020

Nymphenburger Straße 86
D-80636 München
Tel.: 089 651285-0
Fax: 089 652096

Redaktion: Hans-Jürgen Schröter
Umschlaggestaltung: Atelier Seidel, Neuötting
Umschlagabbildung: shutterstock.com/igorstevanovic
Satz: Andreas Linnemann, München
Druck: CPI books GmbH, Leck
Printed in Germany

ISBN Print 978-3-7474-0153-8
ISBN E-Book (PDF) 978-3-86415-081-4
ISBN E-Book (EPUB, Mobi) 978-3-86415-611-3

Inhalt

Einleitung

Irgendwann im Mittelalter wurden wir uns bewusst, dass wir Teil eines völlig unbekannten Universums sind. Um dieses Universum zu verstehen, begannen wir Fakten vom bloßen Aberglauben zu trennen. Das wissenschaftliche Weltbild entstand. Dabei mussten wir zunächst einmal alles weglassen, was wir nicht erfassen, sehen, begreifen und beweisen konnten. alles, was nicht beweisbar war, galt so automatisch als widerlegt. Dieses sehr begrenzte Vorgehen hat uns zunächst wirklich gute Dienste geleistet, doch von Generation zu Generation erfolgt eine »Evolution des Geistes«, eine Entwicklung zu höherer Spiritualität und zu einer immer höheren Schwingung jenes Energiefeldes, welches wir sind, wobei dieses begrenzte Anschauen der Welt allmählich zum Hindernis wird.

Während Sie dieses Buch lesen, machen Sie Gebrauch von einem fantastischen Apparat, dem menschlichen Gehirn. Einige Millionen Jahre der Entwicklung und der Vervollkommnung waren nötig, um die heutige Entwicklungsstufe zu erreichen. Sie können jetzt über ein Instrument verfügen, das Ihnen die grenzenlosen Möglichkeiten eines menschlichen Daseins begreiflich macht und Sie auch als Schöpfer daran teilhaben lässt. Ganz gleich, ob es sich um Wissenschaft oder Technik, um die schönen Künste oder um ein Handwerk handelt, es ist unser hoch entwickeltes Gehirn, das alles ausdenkt, steuert und es am Ende in der Materie sichtbar werden lässt.

Wer ist sich aber schon darüber im Klaren, dass er nur einen geringen und oft falschen Gebrauch von diesem hoch entwickelten Instrument macht? Dieses Buch wird Ihnen helfen, die Funktionen Ihres Gehirns besser zu verstehen und optimaler zu nutzen. Sind Sie einmal mit allen Zusammenhängen vertraut, haben Sie ein Instrument in der Hand, mit dem Sie Ihre Erfolgschancen steigern können, was wiederum zu einer wesentlichen Verbesserung Ihrer Lebensqualität führen kann.

Wir entwickeln eine immer höhere Sicht der Dinge, beginnen, die Wirklichkeit hinter dem Schein zu erkennen. Die Physik hat uns gelehrt, dass wir mit unseren Augen nur 8 Prozent des vorhandenen Spektrums wahrnehmen, dass wir 92 Prozent der Wirklichkeit ignorieren, wenn wir uns auf das Sichtbare beschränken, auf das Offensichtliche. Die Wahrnehmung der Wirklichkeit hinter dem Schein hilft uns, zu dem zu werden, was wir wirklich sind – höchstes Bewusstsein.

Manche Menschen kommen schon mit einem beträchtlichen geistigen Potential auf die Welt. Diejenigen, denen dieses nicht so üppig in die Wiege gelegt wurde, brauchen deswegen nicht zu verzagen. Es steht in unserer Macht, dieses Potential zu erweitern, zu schulen und zu verstärken.

Es gibt glückliche Menschen, die mit einem großen Vorschuss an geistigem Potential auf die Welt kommen und ganz automatisch die höchsten Ämter und die besten Berufe in unserer Gesellschaft beanspruchen. Große Wissenschaftler oder Politiker, berühmte Schauspieler, Musiker und Maler stammen vielfach aus Familien, die ihnen diesen Vorschuss bei der Geburt mit auf den Weg gegeben haben. Aber manchmal ist eben auch das pure Gegenteil der Fall. Menschen aus den einfachsten und ärmlichsten Verhältnissen erreichen die höchste Stufe von Berühmtheit, Anerkennung und Reichtum in unserer Gesellschaft.

Die Mental-Kybernetik bietet Ihnen die große Chance, Ihr geistiges Potential zur höchsten Vollendung zu entwickeln. Sie ebnet Ihnen die Wege und öffnet Ihnen die Türen zu einem Platz in unserer Gesellschaft, von dem Sie bis jetzt nicht einmal zu träumen gewagt haben.

Also warum noch zögern und Zeit verlieren, gehen Sie es an, die Chance ist da, greifen Sie zu,

JETZT!

Was ist Mental-Kybernetik?

Der Gedanke ist wohl der wichtigste, aber am wenigsten verstandene Faktor zur bewussten Gestaltung der Realität. Unsere Gedanken sind unsere größten Verbündeten oder unsere größten Feinde, je nachdem, wie wir damit umgehen. Die Natur hat uns mit einem einmaligen »Denkinstrument« ausgestattet, das wir aber bisher nur zu einem geringen Teil nutzen. Ganze Bereiche dieses einmaligen Instrumentes sind gar nicht »in Betrieb« und so nutzen wir nur einen geringen Teil unseres natürlichen Potentials. Sobald diese brachliegenden Bereiche aktiviert werden, explodiert unsere Intelligenz förmlich und unsere Kreativität vervielfacht sich. Das ist auch erforderlich, denn mit dem bisher genutzten Potential sind die Aufgaben, die vor uns liegen, gar nicht zu bewältigen. Es ist daher eine Frage des Überlebens, die bisher ungenutzten Potentiale zu aktivieren und so das Genie in uns zu wecken.

Mental-Kybernetik ist …

… der Weg, Gedankenenergie in Materie, Situationen, Ereignisse oder Lebensumstände umzuwandeln, denn Gedanken sind »Wirklichkeit schaffende Energie«.

… über sich hinauszuwachsen und »zu Bewusstsein« zu kommen, einzutauchen in die EINE KRAFT und aus dieser Kraft zu leben und zu handeln. Aber auch zu leben in und aus der Intuition, die dafür sorgt, dass ich stets zur rechten Zeit am rechten Ort bin, um das Richtige zu tun.

… die Aktivierung unseres bisher ungenutzten geistigen Potentials, um den Aufgaben der Zukunft gewachsen zu sein, die bereits begonnen hat.

… umzuschalten vom Denken zur Wahrnehmung, weil Denken von Natur aus begrenzt und fehlerhaft ist. Wahrnehmung aber ist vollkommen und ermöglicht ein ständiges Erfassen der Wirklichkeit hinter dem Schein.

… der Weg, mit einem Minimum an Aufwand ein Maximum an Ergebnis zu erzielen und mein Leben wirklich bewusst zu »führen«.

… der optimale Umgang mit jeder »In-Form-ation«. Mit meinem vollen Potential kann ich den Wahrheitsgehalt einer Information ebenso erkennen wie ihre Vollständigkeit und kann Fehlendes automatisch ergänzen, so dass mir die ganze Information bewusst wird, auch wenn sie der Informant selbst gar nicht kennt.

... die »energetische Wahrnehmung«. Beim Zuhören also in erster Linie die energetische Botschaft »hören«, denn auf dieser Ebene gibt es keine Lüge, aber auch keinen Irrtum.

... zu erkennen, dass Sie viel begabter sind, als Sie bisher glaubten, und sich selbst in Erstaunen zu versetzen, indem Sie einmal das tun, wozu Sie fähig sind, sobald Sie Ihr geistiges Potential aktiviert haben.

... der Weg, seinen Wunschtraum zu verwirklichen und letztlich in JEDEM einzelnen Fall erfolgreich zu sein. Denn Erfolg gehorcht ganz einfachen Gesetzen und sobald Sie diese kennen, ist Ihr persönlicher Erfolg gar nicht mehr aufzuhalten.

... die Erkenntnis, dass die Lösung unserer Probleme, die Erfüllung unserer Wünsche und das Erreichen unserer Ziele unglaublich einfach ist.

... die bewusste Gestaltung der Zukunft. Der Umgang mit »temporaler Logik« und mit der »individuellen Zeitlinie«, so dass Sie Ihr Schicksal und Ihre Zukunft frei bestimmen, aber auch dafür sorgen können, dass wir die Welt ein bisschen besser zurücklassen, als wir sie vorgefunden haben.

Die Beherrschung unseres »Denk-Instrumentes«

Nach Einstein kann Materie in Energie und Energie in Materie umgewandelt werden, da Materie nur eine besondere Erscheinungsform von Energie ist. »Mental-Kybernetik« ist der Weg, Gedankenenergie in Materie, in Lebensumstände umzuwandeln, denn Gedanken sind »Wirklichkeit schaffende Energie«.

Die Fülle wartet darauf, für Sie in Erscheinung treten zu dürfen, und »Mental-Kybernetik« ist der Weg, den erwünschten Endzustand in Erscheinung zu »rufen«. Dabei ist es ganz gleich, ob es sich um Gesundheit, beruflichen Erfolg, Partnerschaft oder spirituelle Entwicklung handelt, alles gehorcht dem Gesetz von Ursache und Wirkung. »Mental-Kybernetik« setzt die schöpferische Urkraft in Gang und bringt hervor, was immer Sie wollen. Denn alles, was Sie sich jemals wünschen können, ist bereits erschaffen. Sie brauchen es nur in Erscheinung zu rufen.

Alle Dinge geschehen zuerst im Bewusstsein, ehe sie im Außen geschehen können, und »Mental-Kybernetik« ist die Transformation einer Vorstellung in die Wirklichkeit. So lässt sie Zukunft zur Gegenwart werden und Möglichkeit zur Gewissheit. Dabei handelt es sich keineswegs um etwas Neues, Fremdartiges oder Ungewöhnliches, ja Sie wenden es bereits täglich unbemerkt an. Es ist unsere natürliche Fähigkeit. Worauf es ankommt, ist zu lernen, sie bewusst einzusetzen, um unser Leben und Schicksal frei zu bestimmen. »Schaffen Sie sich eine erfüllende Zukunft, denn Sie werden den Rest Ihres Lebens darin verbringen.«

Sie sollten morgens und abends gründlich »Psychohygiene« betreiben und tagsüber stündlich eine Stille-Minute einlegen. Außerdem Ihr Bewusstsein ausrichten, wann immer das Telefon klingelt, Besuch kommt oder Sie eine neue Arbeit beginnen.

Haben Sie sich schon einmal gefragt, wer Ihr Chef ist? Jeder schafft sich seinen Chef selbst; wenn Sie nichts tun, dann ist nämlich Ihre Bequemlichkeit Ihr Chef. Für andere ist es der Ehrgeiz oder nur die Gewohnheit. Finden Sie einmal diesen »inneren Chef« und prüfen Sie, ob Sie ihn weiter als Chef annehmen wollen. Machen Sie sich bewusst: »Alle Dinge sind würdig, mir zu dienen, aber keines ist wert, mein Herr zu sein.«

So kommen Sie allmählich zu der Erkenntnis, nie mehr zu »müssen«. Indem Sie all das loslassen, was Sie bisher hemmte, wird eine ungeheure Energie frei, die von anderen als Ausstrahlung bemerkt wird. Je mehr Sie »stimmen«, desto mehr ziehen Sie, nach dem Gesetz der Resonanz, die Dinge an, die ebenfalls stimmen, die jetzt zu Ihnen gehören. Sie brauchen nichts mehr zu suchen, Sie werden gefunden.

Das Ergebnis ist eine unerschütterliche Gelassenheit. Das hat nichts mit Lässigkeit oder gar Nachlässigkeit zu tun, sondern ist das Ergebnis der Ausgeglichenheit Ihres Bewusstseins.

Die schöpferische Imagination

Schöpferische Imagination ist der Weg, die eigene Vorstellungskraft zu nutzen, um Ihre Lebensumstände frei zu bestimmen und zu manifestieren, was immer Sie haben wollen. Wir alle nutzen diese Kraft bereits, nur meistens unbewusst. Im Unbewussten aber gibt es Schwierigkeiten, Mangel, Probleme und Disharmonie, und so sieht dann auch das Leben aus, das unbewusst geschaffen wird. Dabei können wir vom Leben alles haben, wir brauchen nur von unserer natürlichen Fähigkeit des Manifestierens Gebrauch zu machen, die schöpferische Imagination sinnvoll und vor allem bewusst einzusetzen. Schöpferische Imagination ist das Tor zur Wirklichkeit.

Jeder von uns hat einen wichtigen Beitrag in diesem Leben zu leisten und jeder auf seine ganz besondere, einmalige Art. Der bewusste Gebrauch der schöpferischen Imagination stimmt Sie auf diese wahre Bestimmung ein und lässt in Erscheinung treten, was immer zu Ihrem Leben gehört.

Leid gehört nicht zu diesem Weg und wenn Sie leiden, zeigt das nur, dass Sie noch etwas falsch machen. In unserem westlichen Denken wird das Leid oft verherrlicht oder doch zumindest als unverzichtbar angesehen, dabei ist Leiden an sich absolut unnütz. Es wird nur notwendig, wenn wir uns weigern, anders als auf dem königlichen Weg der Erkenntnis zu lernen. Dann wird das Leid unser Lehrer, der uns zwingt, unsere Haus-Aufgaben zu machen. Aber Freude und Erfüllung sind ebenso zuverlässige und weitaus angenehmere Lehrer.

Der Weg der schöpferischen Imagination ist der Weg der Freude. Schöpferisch imaginieren heißt, sich etwas so vorzustellen, dass es sich in der Außenwelt als Ereignis, als Situation oder Begegnung manifestieren kann. Es gibt wohl keinen schöneren und zuverlässigeren Weg, die Aufgaben zu lösen, die vor uns liegen.

Die Macht der Gedanken

Der Gedanke ist wohl der wichtigste, aber am wenigsten verstandene Faktor. Die meisten Menschen, wenn sie sich überhaupt damit beschäftigen, sehen ihre Gedanken als etwas ganz Privates an, das nur eine momentane Wirkung auf sie selbst hat. Sie neigen dazu, die komplizierten Folgen auch der unscheinbarsten Gedanken gar nicht zu bemerken.

Alles, was existiert, war zuerst ein Gedanke

Wir sprechen von den Gedanken, als ob sie vom Verstand hervorgebracht worden seien, das ist jedoch nicht so. Ebenso wir zur Zeugung eines Kindes Vater und Mutter nötig sind, so brauchen wir Bewusstsein und den Verstand, um einen Gedanken hervorzubringen. Eine Idee entsteht auf der geistigen Ebene, wird auf den aufnehmenden Verstand projiziert und es entsteht ein Gedanke. Ein Gedanke ist also eine verdichtete Idee. Eine

Idee, die sich schon in eine feine Form von Materie gehüllt hat. Gedanken haben Substanz – sind Materie.

Ein kleiner Schlüssel, selbst nur wenige Gramm schwer, kann eine Tresortür öffnen, die viele Tonnen wiegt. Der Schlüssel zu Ihrer inneren Schatzkammer heißt GEDANKEN-DISZIPLIN!

Nur mit Gedankendisziplin kann man seine Erkenntnisse auch in die Tat umsetzen, die richtigen Ursachen setzen und so die erwünschten Wirkungen hervorrufen. Nur mit Gedankendisziplin wird man zum Herrn seines Schicksals.

Zu allen Maschinen und Instrumenten werden Gebrauchsanweisungen und Bedienungsanleitungen mitgeliefert, die vor Inbetriebnahme gründlich studiert werden sollten. Für das komplexeste Instrument, das wir kennen, das menschliche Gehirn, gibt es keine solche Bedienungsanleitung. Und so denken die meisten Menschen, dass man eben mit dem auskommen müsse, was man weiß, ganz gleich, wie zufrieden stellend das auch sein mag. Wir sind jedoch aufgerufen, unsere Fähigkeiten nicht nur zu nutzen, sondern auch weiterzuentwickeln. Es muss ganz klar werden, dass Sie über ein fantastisches Vermögen verfügen, das zum größten Teil gar nicht genutzt wird. Sie besitzen die fast unbegrenzten Möglichkeiten des bewussten »schöpferischen Denkens«. Hier erfahren Sie, wie Sie immer größere Anteile dieses Vermögens nutzen können und damit Ihr Schicksal und Ihre

Zukunft selbst bestimmen. Nur so kann man wahren Wohlstand erreichen. In diesem Wohlstand leben kann nur jemand, der wirklich »vermögend« ist. Vermögend ist nur der, der etwas vermag, und wer viel vermag, der ist sehr vermögend. Darum ist es wichtig, sein inneres Potential zu entwickeln, um es im Außen als Wohlstand in Erscheinung treten zu lassen.

Es ist wie in der Wüste, wo seit Millionen von Jahren ein Schatz verborgen war, das Erdöl. Aber die Menschen an der Oberfläche waren arm. Erst als sie diesen Schatz entdeckt und gefördert haben, indem sie »in die Tiefe gingen«, wurde der innere Reichtum auch im Außen sichtbar. Unterschätzen Sie daher Ihre Fähigkeiten, Ihr inneres Vermögen nicht.

Um diese Fähigkeiten zu aktivieren, braucht man keine geheimen Einweihungen, keine entbehrungsreichen Jahre im Himalaya. Sie brauchen nur anzufangen, von Ihren Gaben weisen Gebrauch zu machen. Denn Sie besitzen etwas, das die übrige Natur nicht besitzt, die Fähigkeit zu denken, die Möglichkeit der Imagination und die Macht Ihres Glaubens. Mit diesen fast unbegrenzten Möglichkeiten Ihres Denkinstrumentes bestimmen Sie Ihr ganzes Leben. Auch wenn es sich fantastisch anhört, so ist es doch die Wirklichkeit. Und es ist völlig gefahrlos, davon Gebrauch zu machen, wenn Sie keine Angst davor haben, dass das eintreten könnte, was Sie gerade verursachen. Denn alles, was Sie denken und glauben können, das können Sie auch erreichen. Jeder Gedanke ist wie ein zuverlässiger Diener. Er ruht nicht eher, bis er seinen Auftrag – das, was er beinhaltet – erfolgreich ausgeführt hat. Prüfen Sie also vorher gründlich, ob Sie das, was Sie da verursachen, auch wirklich haben wollen.

Denken erfüllt Wünsche

Die meisten Menschen können aber ihre Wünsche nicht realisieren, weil sie ihr Denken nicht beherrschen, weil sie nicht Meister ihrer Gedanken sind. Sie denken hin und her und zerstreuen so das schöpferische Potential ihrer Gedanken, anstatt es konzentriert auf ein Ziel zu lenken und so zu erreichen, was immer sie wollen. Der Mensch hat gelernt, alles zu beherrschen, Elektrizität, Maschinen, Computer, das Größte wie das Kleinste, nur das Nächste nicht – sich selbst! Mit dem menschlichen Geist ist es aber wie mit einem Fallschirm, er nützt nur etwas, WENN ER SICH ENTFALTET!

Wie aber wollen wir große Ziele erreichen, wenn wir uns nicht täglich selbst beweisen, dass uns dies mit kleinen Zielen mühelos gelingt. Unser Denkvermögen ist vergleichbar mit einem Muskel, der verkümmert, wenn man ihn nicht oder nicht richtig nutzt. Nur wenige aber nutzen ihr Denkinstrument optimal. Der Mensch sollte das Denken zur Kunst machen, denn es ist eine. Er sollte zum Meisterdenker werden, der auf der Leinwand seiner Imagination mit Entschlossenheit und meisterhaften Strichen das Kunstwerk seines Lebens schafft. Alle Macht ist dem Menschen durch richtiges Denken gegeben. Überlegen macht überlegen! Dabei ist die gründliche Vorbereitung einer Sache meist auch schon die Entscheidung. Jeder einzelne Gedanke verändert unser Schicksal, verursacht Erfolg oder Pech, Krankheit oder Gesundheit, Leid oder Glück. Wir sind hier, um zu lernen, möglichst optimal mit unserem Denkinstrument umzugehen.

Gedanken sind meist stumm und unsichtbar, und das verleitet zu glauben, dass sie auch unwirksam seien. Wir aber sollten unsere Gedanken so sorgfältig wählen wie unsere Worte – manche tun nicht einmal das – und ihnen nicht erlauben loszuziehen und eine Zukunft zu verursachen, die wir so nicht gewollt haben. Erkennen wir, dass denken das Schaffen einer Form ist, die vom Geist einmal ausgesandt sich in Materie kleidet, bis sie sich als Umstand oder Ereignis manifestiert.

Die Klarheit der Gedanken

Leider leben viele Menschen ständig auf einer »geistigen Abmagerungsdiät« von: Illustrierten, Fernsehen, schockierenden Filmen und banaler Lektüre. Diese »geistige Abfallnahrung« führt zwangsläufig zu einer geistigen Unterernährung und zu schlechter Gesundheit.

Es gibt zwar keinen Menschen, der nicht denkt, aber kaum jemand macht sich Gedanken über seine Gedanken. Wir denken drauflos, als ob Gedanken wirklich frei wären, dabei hat jeder Gedanke eine sofortige Wirkung auf unser Leben. Er verwirklicht, was er beinhaltet und bestimmt letztlich mein Schicksal. Gedanken sind zwar stumm und unsichtbar, aber keineswegs wirkungslos.

Wenn Sie Ihre Gedanken nicht beherrschen, ist niemand da, der das für Sie tun könnte. Sobald Sie aber Ihre Gedanken ordnen, ordnet sich auch Ihr Leben.

Die meisten Menschen glauben nur, dass sie ihr Leben selbst bestimmen. In Wirklichkeit wird ihr Leben bestimmt von ihren selbst gewählten oder anerzogenen Verhaltensmustern, von ihren Vorstellungen und Wünschen und Sehnsüchten, von der Meinung der anderen, ihren Erwartungen und der Rolle, die sie spielen. Also lassen Sie nicht länger zu, dass Sie »gelebt werden«, sondern fangen Sie an, selbst zu leben. Machen Sie sich frei von allem, was nicht mehr wirklich zu Ihnen gehört. Sorgen Sie dafür, dass Sie am Ende Ihres Lebens sagen können: »Ich habe wirklich gelebt!« Viele sterben, ohne je wirklich gelebt zu haben!

**Die Fülle wartet darauf,
für Sie in Erscheinung zu treten –
Sie brauchen nur zu säen!**

Ganz gleich, ob es um Gesundheit, Beruf, Partnerschaft oder spirituelle Entwicklung geht – alles gehorcht dem Gesetz von Ursache und Wirkung. Ihre Gedanken setzen die »schöpferische Urkraft« – in Gang und bringen hervor, was immer Sie wollen – Sie müssen nur lernen, schöpferisch zu denken.

Wenn zum Beispiel der Mediziner sagt, dass es im menschlichen Gehirn Partien gibt, die noch nicht aktiviert sind, weil die Synapsen noch keine Verbindung miteinander aufgenommen haben, dann ist das ein Beispiel für die Involution einer Möglichkeit, die vom Menschen noch nicht verwirklicht, weil nicht evolviert, also nicht entfaltet ist.

Der Mensch unterscheidet sich von anderen Lebewesen durch die Fähigkeit zu denken – nur wissen das die meisten nicht und vielen bleibt es erspart.

Was mir Grenzen setzt, ist nur mein Denken und mein Glaube. Indem ich mich öffne, hebe ich diese Grenzen auf und alles wird möglich. Das Wort unmöglich kann ich streichen!

Was innerhalb der Grenzen Ihres Glaubens liegt und Sie verursachen, muss in Erscheinung treten!

Alle Materie entsteht und besteht nur durch eine Kraft, welche die Atome in Schwingung bringt und sie zusammenhält. Wir müssen hinter dieser Kraft einen bewussten Geist annehmen. Dieser Geist ist der Urgrund aller Materie. Nicht das Sichtbare und die vergängliche Materie sind das Wirkliche und das Wahre, sondern der Geist dahinter ist die Wahrheit und die Wirklichkeit.

Reine Energie an sich haben die Wissenschaftler noch nie finden können, sondern nur ihre Erscheinungen in Form von Materie, Licht, Wärme und Schall. Materie ist also Energie, und Energie ist nichts anderes als die Tätigkeit des einen bewussten Geistes.

Da alles, was ist, zuvor gedacht wurde, kann es auch nichts Intelligentes geben ohne eine Intelligenz, die vorher da war. Viele nennen diese Intelligenz GOTT!

Die materialisierte Vorstellung

Alles was ist sind materialisierte Vorstellungen, gedachte Tat-Sachen, verwirklichte Gedankenbilder. Erst wenn etwas gedacht ist, kann es in Erscheinung treten. Materie ist nur eine andere Erscheinungsform von Energie. Gedanken bewegen und gestalten Energie. Nach dem Energieerhaltungsgesetz kann Energie auch nicht verloren gehen, nur ihre Erscheinungsform wandelt sich.

Somit ist jeder Gedanke eine Schöpfung und muss sich verwirklichen. Die Lebensumstände sind nur ein Spiegelbild meines Seins. Ich kann sie nur ändern, indem ich mich ändere.

Probleme sind Aufgaben, die mir das Leben stellt. Jedes Problem ist ein Geschenk des Lebens an mich, denn am Ende, in der Lösung, steckt immer eine Erkenntnis. Der beste Augenblick, eine Aufgabe zu lösen, ist immer dann, wenn sie sich mir stellt, und der nächste Augenblick bringt eine neue Aufgabe.

Löse ich eine Aufgabe nicht oder versuche ich einem Problem auszuweichen, zwinge ich das Schicksal nur dazu, die Lektion zu wiederholen, allerdings zu einer Zeit, die mir vielleicht nicht so gut passt und in einer Form, die mir möglicherweise sehr missfällt.

Positiv denken heißt daher nur, zu erkennen, dass alles was ist mir dienen und helfen will, auch und gerade, wenn es unangenehm oder schmerzhaft ist. Alles ist daher gut und es gibt das so genannte Negative gar nicht, sondern es ist das unangenehme Gute, das ich not-wendig gemacht habe.

Zum positiven Denken gehört auch regelmäßige Psychohygiene. Das heißt, mich morgens mental auf den Tag vorzubereiten, mich während des Tages immer wieder auszurichten auf das eine Bewusstsein und abends zu kontrollieren, ob und wie weit es mir gelungen ist, mich nach meinem eigenen Maßstab zu verhalten und mental umzuerleben, wo es mir noch nicht optimal gelungen ist. So bereinige ich alle Gedankenenergien sofort, bevor sie als Schicksal in Erscheinung treten können.

Misserfolge sind immer nur Zwischenergebnisse auf dem Weg zum endgültigen Erfolg.

Glück ist nicht Glückssache, sondern die logische Folge von denken, reden, erkennen und Nutzen von Möglichkeiten, die das Leben mir ständig bietet.

Es ist auch gleich, woher ich komme, entscheidend ist nur, wohin ich gehe!

Was immer ein Schöpfer in der Gewissheit des Glaubens denkt, muss in Erscheinung treten, und alles, was ich denken kann, kann ich auch erreichen.

Es ist eine Schwäche meines Bewusstseins, dass ich immer nur einen Gedanken gleichzeitig denken kann. Es wird eine Stärke, wenn ich den richtigen Gedanken denke und festhalte.

Mit dem Geist ist es wie mit einem Fallschirm – er nutzt nur, wenn er sich entfaltet!

Alles Existierende begann mit einem Gedanken

Gedanken sind eine leicht bewegliche Form von Energie, die sich im Gegensatz zu Materie augenblicklich manifestiert. alles, was wir erschaffen, wird zuerst gedacht. Bevor wir etwas denken können, braucht das Bewusstsein eine Idee, die es dann als Gedanken zum Ausdruck bringt, die der Idee eine erste feinstoffliche Form geben. Unser Bewusstsein ist wie ein Plan, der unseren Gedanken die Form und Richtung gibt, in der sie wirken, um sich schließlich im Außen als Ereignis, Zufall oder Lebensumstand zu manifestieren. Das gilt sogar, wenn wir äußerlich nichts tun, um unsere Idee zu verwirklichen. Wenn ich ständig an diese Idee denke, gebe ich damit der Energie eine bestimmte Form, die dazu tendiert, die entsprechende Form auf der materiellen Ebene anzuziehen und zu verwirklichen. Denken ist das Bewegen geistiger Energie, und beharrlich bewegte Energie wird als Ereignis oder Ding sichtbar.

Alles, was existiert, ist zuvor gedacht worden. Wo aber etwas gedacht wird, muss es auch einen Denker geben. Das geringste Teilchen im Universum gehorcht einer ihm innewohnenden Ordnung, hinter der ein ordnender Geist stehen muss. Geist ist also die Verbindung von Intelligenz und Energie. Das ganze Universum ist verdichteter Geist und die Welt, so wie wir sie kennen, ist Ausdruck einer Idee, ist nur durch unsere Gedanken existent. Sobald sich unser Bewusstsein auf eine andere Frequenz einstellt, verschwindet diese Welt für uns und wir befinden uns in einer anderen Welt. So werden geistige Reisen möglich, sobald wir unser Denken beherrschen.

Jeder Gedanke hat eine sofortige Wirkung und unser Körper antwortet mit einer Vielzahl von körperlichen und gefühlsmäßigen Reaktionen. Wir können uns krank denken oder gesund, traurig oder glücklich. Je höher die Energie ist, die wir bewegen, desto stärker sind auch die Folgen. Das gilt positiv wie negativ. Je höher die Energie ist, die ich bewege, desto achtsamer muss ich sein. Wird diese Energie wie bei einem Laser gebündelt auf ein Ziel gerichtet, vervielfacht sich die wirkende Energie und bringt fast augenblicklich hervor, was sie beinhaltet.

Das Wesentliche an allem Materiellen ist also das Immaterielle, die geistige Struktur, die wir Bewusstsein nennen. Wir alle sind von unserem wahren Wesen her reines Bewusstsein und da wir denken können, sind wir aufgerufen, als Mitschöpfer die Schöpfung mitzugestalten. Die Schöpfung ist zwar vollkommen, aber nicht vollendet und geschieht ständig durch uns. Mit jedem Gedanken geben wir der allgegenwärtigen Energie eine bestimmte Form und verändern damit die Schöpfung. Was immer ein Schöpfer in der Gewissheit des Glaubens denkt, muss in Erscheinung treten. Der Glaube potenziert die schöpferische Kraft in uns und zwingt die Energie, die gewünschte Form anzunehmen.

Das Wissen vom geistigen Wesen der Materie öffnet die Tür zum Verständnis des Universums und des Lebens und lässt uns die Unsterblichkeit des Seins erkennen. Wollen wir aber das Wesen des Geistes erkennen, brauchen wir nur uns selbst wirklich zu erkennen. Schon in Delphi stand über dem Tempeleingang:

Mensch, erkenne dich selbst –
dann erkennst du Gott

Was unterscheidet positives Denken vom Wunschdenken?

Der wesentliche Unterschied zwischen Wunschdenken und positivem Denken besteht darin, dass man einmal etwas will und das andere Mal etwas glaubt! Wunschdenken ist Wollen, das von keinem Glauben erfüllt ist. Glaube ist die innere Gewissheit, dass das, was man wünschst, geschafft werden kann oder schon da ist.

Der wirklich Positive ist aus einer inneren Haltung heraus positiv gestimmt, auch wenn Schwierigkeiten auftreten, denn er erkennt darin die Aufgabe und die Möglichkeiten und Chancen, die das Leben ihm bietet.

Ein in das Blickfeld des Bewusstseins gerückter Gedanke kann ein Wunsch, ein Ideal, ein Ziel oder auch eine Probe sein. Wenn er im Bewusstsein festgehalten und ständig aktiviert wird, zieht er gleiche oder ähnliche Kräfte an und konzentriert sie zu einem Gedankenkomplex.

Andersartige Gedanken werden umgewandelt oder abgestoßen.

Wenn wir zurückschauen erkennen wir, dass alle unsere Wünsche in Erfüllung gegangen sind, die wir lange genug in unserem Bewusstsein festgehalten haben. Leider auch negative Wünsche.

Angst, Sorge und so weiter ziehen genau das an, was man befürchtet, weil hier das Bewusstsein mit Gedanken der Angst und Sorge erfüllt wird, und das Gefühl der Angst sorgt dafür, dass dieser Gedanke immer wieder aktiviert wird.

Hier hilft nur Gedankendisziplin und regelmäßige Psychohygiene, bei der unerwünschte Gedanken sofort in erwünschte Gedanken umgewandelt werden, bevor sie sich als Schicksal manifestieren können.

Gedankendisziplin und Psychohygiene sind zwei wichtige Schritte in unserer Entwicklung.

Wir alle haben einen inneren Schatz, aber um ihn in unser Bewusstsein zu bringen, damit wir ihn nutzen können, müssen wir uns entwickeln.

Stellen Sie sich vor, in Ihrem Inneren ist eine lange Schriftrolle, auf der aufgeschrieben ist, wo Sie den Schatz finden können. Um an den Schatz zu kommen, brauchen Sie diese Information. Sie müssen die Schriftrolle – ent-wickeln – und können so den inneren Schatz mehr und mehr in Besitz nehmen.

**Behalte bei allem, was du denkst,
willst und tust, stets das Wohl des Ganzen
im Auge und trachte danach, dass dein
Da-Sein wie dein Wirken andere so
glücklich macht wie dich selbst.**

Erfolg durch Intuition

Sie alle kennen sicher die Geschichte vom »Geist in der Flasche«. Auch wir haben unseren Geist, unsere Intuition eingesperrt in die Flasche der Begrenzung durch unser Denken und unsere Vorstellung von der Wirklichkeit. Durch den Verlust unserer Grenzenlosigkeit haben wir auch verlernt, was Leben wirklich heißt. Wo lernt man schon erfolgreich zu sein, intuitiv das Richtige zur rechten Zeit zu tun und glücklich zu sein durch ein Leben im Einklang mit sich selbst und der Schöpfung? In der Schule, an der Universität oder in der Berufsausbildung haben Sie sicher viele Kenntnisse erworben, vielleicht auch Fähigkeiten entwickelt. Aber haben Sie auch gelernt, wie man erfolgreich wird, wie man Freunde gewinnt und das Leben wirklich genießt? Wohl kaum! Sie haben Ausbildungen durchlaufen und Prüfungen bestanden, aber zwischen den Lehrinhalten, wie sie Schule, Universität oder Lehre vermitteln und dem, was Leben wirklich ausmacht, liegen Welten. Selbstverwirklichung oder Glück sind keine Lehrfächer unserer auf Wissensvermittlung eingestellten Lehranstalten. Das alles lernt man erst in der »Schule des Lebens« und dort sind SIE

Ihr wichtigster Lehrer. Erfolg und Glück sind nichts anderes als das Zusammentreffen von guter Vorbereitung und günstigen Gelegenheiten, die SIE sich jederzeit selbst schaffen können.

Wenn wir lernen, im Einklang mit unserer wahren Natur zu leben, dann ist Erfolg ein ständiger Begleiter und unsere Intuition unser wichtigstes Werkzeug. Das Leben, so wie es gemeint ist, hält für jeden das Geschenk eines erfolgreichen Lebensweges bereit. Tritt dieses Geschenk irgendwo nicht in Erscheinung, muss der Erfolglose mehr getan haben, diesen Erfolg zu verhindern, als nötig gewesen wäre, ihn zu erreichen. Er muss das Gesetz von Ursache und Wirkung zu seinem Nachteil in Gang gesetzt haben.

Die neue Art des Lernens

Da unsere intuitiven Erkenntnisse über das Denkinstrument zum Ausdruck gebracht werden, müssen wir lernen, dieses Instrument wirklich zu beherrschen. Selbst hochintelligente Menschen nutzen nur etwa 15 Prozent seiner Kapazität. Wir können lernen, die bisher brachliegenden Kapazitäten und Möglichkeiten auszuschöpfen und dadurch steigern wir ganz nebenbei unseren Intelligenz-Quotienten.

Es ist ein natürlicher Grundinstinkt des Menschen zu lernen. Und es ist eine Grundbegabung, das, was getan wird, in totaler Versenkung zu tun. Das kindliche Lernen geschieht noch in einer vollkommenen »konzentrativen Entspannung« und nicht in dieser Verkrampfung, die wir später fälschlich Konzentration nennen. Vor allem aber geschieht Lernen noch ganz natürlich in einer unendlichen Liebe zu den Dingen und dem eigenen Tun. Die Schönheit des eigenen Handelns ist noch eine Selbstverständlichkeit. In dieser Phase lernen wir noch ganz natürlich mit allen Sinnen. Doch in der derzeitigen Schule, die hoffentlich bald der Vergangenheit angehört. verlernen wir das natürliche holistische Lernen und gewöhnen uns das einseitige, lineare Lernen an, das nur noch über den Verstand stattfindet und den größten Teil unseres Wesens nicht berührt.

Die bisherige Art des Lernens ist: Zuhören, auswählen, merken oder aufschreiben, sortieren, bewerten und durcharbeiten und gliedern. Dazu gehört, sich alte Gewohnheiten abzugewöhnen und neue Gewohnheiten anzugewöhnen, sich allmählich umzugewöhnen und endlich das Richtige zu tun. Dabei wird vieles vergessen, oder wir wissen es zwar, aber wir tun es nicht, bekommen ein schlechtes Gewissen und fangen vielleicht wieder von vorn an, mit dem gleichen Ergebnis.

Diese Art zu lernen versetzt nur einen kleinen Teil unseres wahren Wesens in Resonanz und wenn wir das Gelernte nicht oft wiederholen, wird das meiste, weil unnatürlich, wieder vergessen. Begegnen wir aber der Multidimensionalität unseres wahren Seins, werden wir angehalten »wahrzunehmen« und unserer Intuition und dem eigenen Rhythmus zu folgen. Damit sind wir wider bereit für die eigentlich natürliche, holistische Art, mit allen Sinnen zu lernen.

Diese neue Art des Lernens ist viel einfacher und vor allem wirkungsvoller. Zuhören – wahrnehmen – sein. Die bisherige Art des Lernens findet überhaupt nicht mehr statt und alles wird sofort Teil des eigenen Bewusstseins, und wenn wir AUS dem Bewusstsein leben, oder besser noch ALS Bewusstsein, sind wir immer auf dem letzten Stand. Es gibt nichts zu lernen, nichts zu üben und nichts wird vergessen.

Das Denken überschreiten. Nicht mehr nach-denken, sondern »wahrnehmen«, energetisch wahrnehmen. Entscheidungen werden nicht mehr gefällt, sondern »getroffen«. Aufgaben werden nicht mehr durch nach-denken gelöst, sondern durch »bewusst sein«. Denken ist ein schwacher Ersatz für Bewusstsein und immer auch ein Zeichen mangelnder Intelligenz.

Wir müssen wieder lernen, mehrdimensional zu denken und zu handeln. Zwei Dinge gleichzeitig zu verfolgen und mehrere Dinge gleichzeitig »geschehen zu lassen«.

Was immer ein Schöpfer in der Gewissheit des Glaubens denkt, muss in Erscheinung treten. Der Glaube aktiviert die schöpferische Kraft in uns und zwingt die Energie, die gewünschte Form anzunehmen.

Die sieben Schritte vom positiven Denken zum positiven Leben!

1. Positives Denken

Erkennen, alles ist gut, denn alles will mir nur dienen und helfen. Achtsam und beharrlich durchs leben gehen. Voller Vertrauen und Humor, gelassen tun, was zu tun ist. Dankbar die Wirklichkeit hinter dem Schein erkennen und geborgen in der Fülle des Seins leben.

2. Positives Fühlen

Offen und ausgeglichen die Menschen so annehmen, wie sie nun einmal sind. Vertrauensvoll und zuversichtlich zu seinen Gefühlen stehen und sich wert fühlen, in der Fülle zu leben. Das Leben nur beobachten, nicht bewerten und liebevoll das Richtige geschehen lassen.

3. Positives Wollen

Lernen wollen und verstehen wollen. Entschuldigen und verzeihen und selbst das Richtige tun wollen. Wollen, was man soll! Hören, was das Leben will und den eigenen Willen loslassen und seinen Willen erfüllen wollen!

4. Positives Reden
Sich klar ausdrücken lernen und die Wortinflation stoppen. Keinen ungebetenen Rat geben und auch schweigen lernen. Ehrlich sein in Wort und Tat und Wortgeschenke machen. Mut machen, Trost spenden und Worte nur zum Helfen, Danken und Segnen gebrauchen.

5. Positives Handeln
Überlegt, feinfühlig und nachsichtig handeln. Liebevoll, konstruktiv und hilfreich sein. Zuverlässig, rücksichtsvoll und beharrlich bleiben und unabhängig von den Erwartungen der anderen. Verantwortungs- und selbstbewusst bleiben bei allem, was ich tue. Zu geben und zu nehmen lernen und aus der »Inneren Führung« im richtigen Augenblick das Richtige tun. Auch bewusst und mäßig das Richtige essen. Fröhlich und frei auch die Freiheit des anderen respektieren.

6. Positives Bewusstsein
In der Erkenntnis der Wahrheit und Wirklichkeit harmonisch, selbstlos und geborgen sein. Regelmäßig in die Stille gehen und sich Zeit für Meditation und Gebet nehmen. Das ganze Sein auf das Höchste ausrichten. Geistesgegenwärtig und sinnvoll leben.

7. Positives Leben

Die geistigen Gesetze beachten, sorglos und gelassen durchs Leben gehen in der Erkenntnis, alles ist »gleichgültig«. Harmonische Beziehungen pflegen und sich auch an den kleinen Dingen erfreuen. Gern leben, aber auch jederzeit bereit sein zu gehen. Solange ich aber lebe, vernünftig und vorbildlich und gesund leben. Das ganze Sein auf das Höchste ausrichten und Gott in allem und jedem erkennen und achten. Dankbar und bewusst jeden Augenblick erfüllen.

Methode zur Steigerung des Intelligenz-Quotienten

Jeder Mensch hat einen »latenten IQ«, der wesentlich höher liegt als der bisher hervorgebrachte. Dieses latente Potential kann in ganz kurzer Zeit aktiviert werden.

Eine wichtige Voraussetzung dafür ist eine bessere Sauerstoffzufuhr zum Gehirn und eine möglichst optimale hormonelle Steuerung.

Die Lehre des KUNG FU enthält bestimmte Atemübungen, um die »Zerstreuung der Energien« zu verhindern. Die Hauptaufgabe der Atmung ist es, den Organismus mit genügend Sauerstoff zu versorgen. Je besser das gelingt, umso besser ist unsere körperliche und geistige Fitness.

Der erste Schritt ist, seinen Atem zu beobachten, ohne etwas zu verändern. Das hört sich einfach an, ist aber gar nicht so leicht, denn schon durch die Beobachtung verändert sich unser Atem.

Sobald das beherrscht wird, ist der Atem zu »führen«. Das geschieht, indem man seine Hand auf die verschiedenen Körperstellen legt und »darunter atmet«. So wird ein Teil des Körpers nach dem anderen in die Lebendigkeit zurückgeführt. Dabei lösen sich oft bisher unbemerkte Blockaden. Das kann begleitet sein von starken Gefühlen oder auch plötzlichen Schmerzen, die aber von selbst wieder verschwinden. Richtiges Atmen kann so zu einer »Entdeckungsreise ins eigene Ich« führen.

Erste Übung zur Steigerung Ihres IQ
Atmen Sie langsam ein und zählen Sie dabei bis 8. Während Sie nun bis 12 zählen, halten Sie den Atem an, indem Sie ganz sanft versuchen, weiter einzuatmen. Das geht zwar nicht, weil Ihre Lungen voll sind, aber es verhindert, dass Sie beim Atemanhalten Ihren Atem blockieren. Dann atmen Sie langsam aus, während Sie bis 10 zählen. Warten Sie, bis ein neuer Atemzug von selbst kommt, und machen Sie 10 solcher Zyklen. Anfangs ist es möglich, dass Ihnen dabei schwindlig wird oder dass Ihr Atem nicht reicht, aber das wird schnell vorübergehen.

Zweite Übung zur Steigerung Ihres IQ
Stellen Sie sich mit dem Rücken an eine Wand, wobei die Füße ganz an der Wand sein sollten. Dann strecken Sie sich und lassen sich so groß werden, wie Ihnen das möglich ist. Lassen Sie behutsam los und wiederholen Sie die

Übung 10 Mal. Diese Übung korrigiert einen eventuell gestauten Energiefluss. Dazu gehört, dass Sie sich angewöhnen, am Schreibtisch absolut gerade zu sitzen, denn nur so ist ein Maximum an Gehirneffizienz gegeben. Ein gebeugter Rücken und runde Schultern reduzieren deutlich den Energiefluss.

Dritte Übung zur Steigerung Ihres IQ
Betätigen Sie mehr und mehr beide Hände gleich stark. Schreiben Sie mit der nichtdominanten Hand, öffnen Sie Briefe mit der anderen Hand und finden Sie immer neue Möglichkeiten, Ihre nichtdominante Hand zu benutzen.

Der zweite Schritt der Vorbereitung ist, die hormonelle Steuerung zu optimieren. Das geschieht durch die Schilddrüse. Zu wenig Schilddrüsenfunktion lässt Gehirn und Körper auf Sparflamme arbeiten und Sie können Körper und Geist nur sehr Begrenztes abverlangen. Ohne optimale Schilddrüsenfunktion sind Wahrnehmung, Lernen und Reaktion stark behindert, ohne dass es von den meisten überhaupt wahrgenommen wird. Sie prüfen, ob Ihre Schilddrüse vorschriftsmäßig arbeitet, durch das Temperaturmessen in der Achselhöhle, was viel zuverlässiger ist als das Messen im Mund. Lassen Sie das Fieberthermometer aber für zehn Minuten in der Achselhöhle und das am Morgen im Bett. Wichtig ist, dass Sie am Abend vorher keinen Alkohol getrunken haben, weil das Ergebnis dadurch beeinträchtigt wird. Liegt die so gemessene Temperatur auch nur einen Bruchteil unter 36,5, ist es sehr wahrscheinlich, dass Sie an einer Schilddrüsenunterfunktion leiden. Schon die geringste Senkung der Körpertemperatur beeinträchtigt sämtliche höheren Denkprozesse und verhindert eine Steigerung Ihres IQ.

Wiederholen Sie am besten die Messung am nächsten Morgen, um sicher zu sein, dass das Ergebnis stimmt.

Kommen Sie zu Bewusstsein

Spüren Sie Ihr Bewusstsein in Ihrem Körper. Machen Sie sich bewusst, dass es Ihren ganzen Körper ausfüllt, wie ein Geist in der Flasche. Öffnen Sie nun durch Imagination die höchste Stelle Ihres Körpers – Ihr Kronenchakra – und wachsen Sie mit Ihrem Bewusstsein »über sich hinaus«. Lassen Sie den Geist aus der Flasche und kommen Sie so zu Bewusstsein. Vergewissern Sie sich, dass Ihr Wahrnehmungszentrum nun über Ihrem Kopf liegt. Erleben Sie bewusst die absolute Gedankenstille dort, denn hierhin kommt kein Gedanke, da ist nur reines Bewusstsein. Jetzt sind Sie »bei sich selbst« angekommen. Wenn Sie dem Körper gestatten, vollkommen bewegungslos zu sein, haben Sie das Gefühl, keinen Körper mehr zu haben – Sie sind frei. Reines, unendliches Bewusstsein. Vergewissern Sie sich, dass Sie aber noch immer Ihren ganzen Körper bis in die Zehenspitzen ausfüllen mit dem Bewusstsein, das Sie sind. Erkennen Sie, ich habe einen Körper, ich habe einen Verstand, eine Persönlichkeit, aber ich BIN Bewusstsein. Ich bin wieder der, der ich wirklich bin.

So über sich hinausgewachsen sind Sie auch eingetaucht in das Sie umgebende kosmische Energiefeld. Schließen Sie sich bewusst an das kosmische Energiefeld an und bleiben Sie von nun an ständig angeschlossen. Laufen Sie nie mehr auf Batterie. Damit sind Sie wieder zurückgekehrt in die Kraft und sind ständig voller Kraft. Je mehr Kraft von nun an verbraucht wird, desto mehr frische Kraft strömt in Sie ein. Fühlen Sie, wie diese kosmische Energie Ihren ganzen Körper erfüllt, wie sich jede Zelle Ihres Körpers dieser Kraft öffnet. Sie sind nun »voller Kraft«.

So über sich hinausgewachsen sind Sie auch eingetaucht in das »allumfassende Informationsfeld des Allbewusstseins«. Öffnen Sie sich bewusst der Wahrnehmung der Intuition. Machen Sie sich bewusst, dass nun Ihre Leitung ständig frei ist und Sie Intuition ständig unmittelbar empfangen. Sie brauchen nur noch zu lernen, Ihre Wahrnehmung auch wahrzunehmen. Sie erleben so ständig die Wahrnehmung der Wirklichkeit hinter dem Schein. Sie können auch energetisch wahrnehmen und bleiben auf Empfang.

Bewusstseins-Training

Die Welt erwartet von uns, dass wir ständig etwas machen. Und so kommen wir gar nicht zum Sein. Das Tun verlangt Wissen, Können und den Einsatz des Intellekts. Das Sein verlangt Zeit zur Selbst-Besinnung und Intelligenz. Sitz des Intellekts ist die linke Gehirnhälfte, die den Mikrokosmos repräsentiert. Sitz der Intelligenz ist die rechte Gehirnhälfte in Verbindung mit dem Herzen, die den Makrokosmos repräsentiert. Erst beides zusammen ergibt ein Ganzes. Heute regiert der Intellekt über die Weisheit mit all seinen Folgen. Der Intellekt handelt logisch, rational und gefühllos, ohne Herz. Ohne Verbindung zum Herzen besteht keine bewusste Verbindung zum Leben und damit zu uns selbst.

Wir alle HABEN Bewusstsein, aber kaum jemand ist »bei Bewusstsein«. Wir identifizieren uns mit unserer kleinen Persönlichkeit und vergessen unsere wahre Größe, unser wirkliches Sein. Es wird Zeit, dass wir unseren kleinen Verstand überschreiten und wieder in die Grenzenlosigkeit des Bewusstseins eintreten, nach innen lauschen und wahrnehmen, wer wir wirklich sind. Sobald das geschieht, ist uns unsere bisherige Persönlichkeit zu klein, wir lassen unsere »Alltags-Persönlichkeit« los und fangen an zu leben als der, der wir wirklich sind.

Lassen Sie uns miteinander eintreten in das »Geheimnis Leben« und entdecken, was das Leben uns zu sagen hat. Die »Sprache des Lebens« als wichtigste Fremdsprache lernen und im Ein-Klang mit dem Leben sein. Uns bewusst entscheiden, ob wir unser »Ich« glücklich machen wollen oder »mich selbst«, den, der ich wirklich bin. Es geht hier um eine tiefe Beziehung zu dem Phänomen Leben, denn hinter der Selbstverständlichkeit unserer biologischen Existenz verbirgt sich der fast unbekannte Bereich des wahren Seins. Denn Bewusstsein ist das, worum es geht im »Spiel des Lebens«. Dazu muss ich aber die »Ich-Umklammerung des Selbst« lösen, zu mir selbst erwachen und hervortreten, um zu leben als Meister und Schöpfer, als der ich »gemeint« bin – als Ebenbild Gottes.

Es gibt ein einzigartiges Bewusstseinsprinzip, welches das gesamte Universum durchdringt und an jedem Ort es selbst bleibt. Es ist allmächtig, allwissend und allgegenwärtig. Es gibt im Universum nur ein einziges Bewusstsein, das die Fähigkeit des Denkens hat, und wenn es denkt, nehmen alle seine Gedanken die entsprechende Gestalt an.

Da dieses Bewusstsein allgegenwärtig ist, muss es auch in jedem Einzelnen gegenwärtig sein. Unser Bewusstsein ist identisch mit diesem universalen Bewusstsein, das heißt also, alles Bewusstsein beruht auf diesem einen Bewusstsein. Das in unseren Gehirnzellen konzentrierte Bewusstsein ist dasselbe, das sich im Gehirn des kosmischen Bewusstseins konzentriert.

Da alles Denken im universalen Bewusstsein enthalten ist, muss diese Fähigkeit zu denken auch in jedem Individuum gegenwärtig sein. Jeder Gedanke ist daher eine Ursache und jede Ursache hat eine Wirkung. Aus diesem Grund ist es absolut notwendig, dass man Herr seiner Gedanken ist, um nur wünschenswerte Umstände hervorzurufen.

Die größte und wunderbarste Kraft, die dem »Ich« gegeben wurde, ist die Denkfähigkeit, aber nur wenige Menschen wissen, wie man konstruktiv oder in richtiger Weise denkt. Folglich erzielen sie nur mittelmäßige Resultate.

> Die Qualität der Gedanken, die wir hegen,
> bestimmt die Qualität dessen,
> was wir damit bewirken.

Dennoch ist es ein gewaltiger Unterschied, ob wir einfach nur denken oder ob wir unser Denken bewusst, systematisch und konstruktiv lenken. Wir harmonisieren unser Bewusstsein mit dem universalen Bewusstsein und lassen die mächtigste Kraft, die es gibt, zur Wirkung kommen – die kreative Kraft des universalen Bewusstseins. Es wird, wie alles andere, durch das natürliche »Gesetz der Anziehung« beherrscht, welches besagt, dass das Bewusstsein kreativ ist und sich automatisch mit seinem Objekt in Beziehung setzen und es erschaffen wird.

Übungen zur Steigerung des IQ

Machen Sie es sich ab sofort zur Gewohnheit, jeden Tag erst zu beginnen, wenn Sie ganz »zu Bewusstsein« gekommen sind. Nehmen Sie sich jede Stunde eine Minute, um sich zu vergewissern, dass Sie noch bei Bewusstsein sind, oder stellen Sie es wieder her und steigern es von Mal zu Mal. Nehmen Sie sich wenigstens zweimal täglich Zeit, um bewusst »in die Wahrnehmung« zu gehen. Sitzen Sie bewegungslos und nehmen Sie einfach nur wahr, was kommt. Nichts tun, nicht wollen, einfach nur wahrnehmend sein. Schlafen Sie erst ein, wenn Sie wieder ganz bei sich selbst angekommen sind. Beenden Sie den Tag bei Bewusstsein, voller Kraft und eingetaucht in die Intuition.

Üben Sie so oft wie möglich, wenigstens einmal am Tag, Erinnerungen lebendig werden zu lassen. Erinnern Sie sich an ein Ereignis, das am gleichen Tag passiert ist oder schon viele Jahre zurückliegt. Sehen Sie die Gesichter der Beteiligten, ihre Kleidung, Gesten, und hören Sie ihre Worte. Versuchen Sie den Geruch zu riechen, die Energie wahrzunehmen, Berührungen, einen Händedruck zu fühlen. Aktivieren Sie in der Erinnerung alle sinne und lassen Sie das Ereignis so noch einmal ganz lebendig werden. Fügen Sie dem Ereignis etwas hinzu. Setzen Sie zum Beispiel jemandem einen besonderen Hut auf, geben Sie ihm etwas Ausgefallenes in die Hand, lassen Sie ihn etwas sagen oder tun. Erfinden Sie auch immer wieder einmal ein solches Ereignis. Erleben Sie, was gar nicht stattgefunden hat. Schauen Sie zum Fenster hinaus, schließen dann die Augen und machen sich bewusst, was Sie gesehen haben. Wenn es unklar ist, schauen Sie noch einmal hin und schließen dann wieder die Augen und sehen es mit geschlossenen Augen. So aktivieren Sie Ihre geistigen Sinne. Lesen Sie eine Seite in einem Buch, legen es weg und versuchen sich zu erinnern, möglichst genau, was Sie gelesen haben. Hören Sie Musik und konzentrieren Sie sich dabei auf die verschiedenen Instrumente. Stellen Sie fest, wie viele Sie identifizieren können. Konzentrieren Sie sich auf jemanden, den Sie gut kennen, und sehen Sie diese Person so deutlich wie möglich vor sich. Hören Sie ihre Stimme und nehmen Sie ihre Energie wahr.

Im höchsten Bewusstsein bleiben

Einer, der Erleuchtung erlebt hatte, aber dieses Bewusstsein nicht halten konnte, fragte einen Meister, wie man ständig im höchsten Bewusstsein bleiben könne. Der Meister sagte: »Ich kenne jemanden, der ständig im höchsten Bewusstsein ist. Er ist König in einem fernen Land. Gehe hin und frage ihn, ob er dir sein Geheimnis verrät.« Der Mann machte sich auf den Weg und als er nach langer, mühsamer Reise angekommen war, fragte er den König, ob er ihm das Geheimnis verraten würde, wie man ständig im höchsten Bewusstsein bleibt. Der König sagte. »Das will ich dir gern verraten, doch zuvor musst du noch eine Prüfung bestehen, ich muss sicher sein, dass du dessen auch würdig bist. Du musst eine Schüssel randvoll mit Wasser auf deinem Kopf einmal um den Palast tragen. Hinter dir geht mein Scharfrichter mit gezogenem Schwert. Verschüttest du auch nur einen Tropfen, schlägt er dir den Kopf ab. Du kannst die Prüfung ablehnen.« Der Mann sagte. »Und wenn es mein Leben kostet, es ist den Preis wert.«

Er ging vor den Palast, bekam die Schüssel randvoll mit Wasser, setzte sie auf den Kopf und ging in höchster Konzentration Schritt für Schritt um den Palast. Hinter sich hörte er den Schritt des Scharfrichters und wusste, beim geringsten Fehler wäre sein Leben vorbei. In höchster Konzentration bewältigte er die Aufgabe, ging zum König und fragte ihn, ob er ihm nun sein Geheimnis verraten wolle. Der König sagte: »Ich will dir gern mein Geheimnis verraten, aber du kennst es bereits, ich mache es genau wie du eben, nur ständig.«

Wasser tragen wurde damals als Frauenarbeit gesehen und galt für einen Mann als niederste Tätigkeit. Worauf es hier also ankommt war, keine Erniedrigung mehr zu kennen und alles im höchsten Bewusstsein zu tun. Ich sollte also ständig so handeln, als würde der kleinste Fehler mein Leben kosten.

Das ist das ganze Geheimnis!

Der »Gedanken-Laser«

Das gesamte Universum ist erfüllt von frei schwingender Energie. Diese Energie ist überall, auch die Dinge bestehen aus dieser Energie, denn alle Materie ist letztlich nur Energie in einer bestimmten Schwingung. Die Frequenz der Schwingung bestimmt die Form der Erscheinung.

Der menschliche Geist ist in der Lage, dieser Energie eine bestimmte Frequenz und Richtung zu geben und damit auch eine bestimmte Form. Wir können frei schwingende Energie aufnehmen, bündeln sie durch das Prisma unseres Geistes und richten sie auf ein bestimmtes Ziel. So entstehen Umstände, Situationen, Zufälle, Begegnungen, Wirklichkeit und damit Schicksal. Es gibt nichts in unserem Leben, das nicht von der Macht unseres Geistes bestimmt werden könnte. Jeder ist König im Reich seiner Gedanken, aber nicht jeder ist auch ein weiser Herrscher. Sobald wir die wunderwirkende Kraft unserer Gedanken zu einem dynamischen Energiestrombündel und auf ein bestimmtes Ziel richten, werden alle Hindernisse aufgelöst und das Ziel sicher erreicht.

Durch die so gerichtete Energie entsteht ein »Gedanken-Laser«, der auf der feinstofflichen Ebene der Ursachen einen Umstand neu erschafft. Nach dem Gesetz der Resonanz zieht die so von uns geschaffene geistige Form auf der Ebene der Materie eine ihr entsprechende Form an und bringt sie zur Manifestation. Wenn Sie so die gebündelte Kraft Ihrer Gedanken auf ein bestimmtes Ziel richten, die Lösung einer Aufgabe, das Schaffen eines erwünschten Zustandes, das Erreichen eines bestimmten Zieles oder das Vollziehen einer Heilung, wird Ihre gesamte geistige, körperliche und seelische Energie zu einem unwiderstehlichen Kraftstrom vereint, der die stärkste Kraft des Universums, die schöpferische Urkraft in Gang setzt und wahre Wunder vollbringt. Dabei handelt es sich nur um den weisen Gebrauch natürlicher Gesetze, die bereit sind hervorzubringen, was immer Sie wünschen.

Die sieben Schritte zum »Gedanken-Laser«

ZIELKLARHEIT

Den erwünschten Endzustand klar definieren und bildhaft vorstellen (imaginieren).

BILD und WORT und GEFÜHL bündeln

Auf das Ziel ausrichten und gerichtet halten. Sich mit Freude, Dankbarkeit oder Erfüllung erfüllen.

SELBST-IDENTIFIKATION
Den Schritt vom Opfer zum bewussten Schöpfer tun. Durch Selbst-Identifikation »in die Vollmacht« gehen.

SICH WERT FÜHLEN
und glauben, Erfüllung JETZT zu erhalten.

IDENTIFIKATION MIT DEM ZIEL
Das Ziel, den erwünschten Endzustand durch Identifikation in Besitz nehmen und sich so mit dem Ziel verbinden. Vom Ziel aus denken, fühlen, reden und handeln.

DIE ENERGIE DES ERFÜLLTEN WUNSCHES
schaffen und halten, jedes Mal, wenn mir das Ziel wieder in den Sinn kommt. »Bittet um was ihr wollt, glaubt nur, dass ihr es erhalten habt und es MUSS euch werden.«

LOSLASSEN
Wie der Bauer das Saatgut loslassen muss, damit die Ernte möglich wird, so müssen auch Sie das Ziel dann loslassen, aber in der »Gewissheit der Erfüllung«. Auch beim Bogenschießen kann der Pfeil erst sein Ziel erreichen, wenn Sie ihn loslassen, sonst können Sie noch so gut gezielt haben, es geschieht nichts. Erst wenn Sie losgelassen haben, kann das Ziel erreicht werden.

Was ist »Energie«?

Wir alle sind Schöpfer, ob wir uns dessen bewusst sind oder nicht. Bewusst oder unbewusst erschaffen wir alle Lebensumstände, Ereignisse, Begegnungen, Beziehungen oder Dinge. Das können wir nur, weil überall eine Substanz zur Verfügung steht, die wir Energie nennen. Diese Energie ist bereit, in jeder gewünschten Form »in Erscheinung zu treten«, sobald ein Schöpfer sie prägt. Die Form, die wir unseren Gedanken geben, prägt diese Substanz und lässt sie in Erscheinung treten. Was immer ein Schöpfer in der Gewissheit des Glaubens denkt, MUSS in Erscheinung treten. Schon das Wort »Substanz« gibt uns wertvolle Hinweise. Es kommt von »sub« = unter, und »stare« = stehen. Substanz ist also etwas, das etwas Anderem, Wirklicherem untersteht.

Materie ist verdichteter Geist. Die Wissenschaft beginnt gerade zu entdecken, was geistige Lehrer schon seit Jahrtausenden wissen, dass unser Universum in Wirklichkeit gar nicht aus »Materie« besteht, sondern aus Energie. Auch wir sind Energie und alles um uns herum besteht aus Energie. Wir alle sind Bestandteil eines großen Energiefeldes, das wir Kosmos nennen, das bedeutet Ordnung. Auf der Ebene unserer Sinnesorgane scheinen die Dinge fest und voneinander getrennt. In Wirklichkeit aber sind wir ganz wörtlich alle eins.

Alle Materie entsteht und besteht nur durch die eine Kraft, das eine Bewusstsein – den Geist. Nicht die sichtbare, aber vergängliche Materie ist die reale wirkliche, sondern der unsichtbare, ewige Geist, aus dem Sie entstanden ist, ist die einzige Wirklichkeit – das was wirkt. Dieser Geist ist der Ursprung, die Quelle der Energie, und Materie ist ein Ausdruck der Tätigkeit des Geistes. Interessant ist auch, dass die Wissenschaft bis heute reine Energie noch nicht wahrgenommen hat, nur ihre Erscheinungen in Form von Licht, Materie, Wärme oder Schall, aber niemals Energie selbst.

In den »Weden« heißt es, dass dieses Universum keine absolute Existenz habe, sondern nur relativ zu unseren Sinnen existiert. Es ist dort von der »Maja« der Täuschung, dem Schein die Rede. Auch unsere Wissenschaft hat auf der Suche nach der Substanz der Materie erkannt, dass es Substanz an sich nicht gibt und dass unsere anscheinend so konkrete materielle Welt nur unterschiedliche Erscheinungsformen einer Energie darstellt.

Vielleicht können wir das leichter verstehen, wenn wir uns vor Augen halten, dass Tassen, Teller, Schüsseln, Vasen, Krüge und Figuren trotz unterschiedlichster Formen alle aus Porzellan bestehen. Solange wir auf die äußere Form schauen, sehen wir keine Gemeinsamkeit, erst wenn wir an die Ursubstanz denken, aus der alles geschaffen wurde, erkennen wir das Eine hinter der Vielfalt.

Diese wirkliche Substanz ist es, aus der alles geschaffen ist, was in »Erscheinung« getreten ist. Diese wahre Substanz steht uns überall zur Verfügung und ist bereit, in jeder gewünschten Form »in Erscheinung zu treten«, sobald ein Schöpfer sie prägt. Wie schon ausführlich dargelegt, sind wir alle Schöpfer und jeder unserer Gedanken ist eine Schöpfung. Die Form, die wir unseren Gedanken geben, prägt die Substanz und lässt sie in »Erscheinung treten«.

Wir alle haben Energie, sonst könnten wir nicht leben. Diese Energie tritt in Erscheinung als körperliche Kraft, als Gesundheit, als Ausstrahlung. Man kann andere mit seiner Energie regelrecht mitreißen. Das Wort »Energie« kommt aus dem Griechischen und heißt »wirkende Kraft«. Die Physik definiert Energie als Kraft mal Weg, aber auch das beschreibt eine Wirkung der Energie, nicht jedoch die Energie selbst. Wir verbrauchen Energie, ob wir nun arbeiten, spazieren gehen oder nur in der Sonne liegen. Ja, sogar das Denken verbraucht Energie und doch kann Energie weder erzeugt noch verbraucht oder vernichtet werden, sie kann nur von einer Form in die andere umgewandelt werden. Elektrische Energie kann so in Licht oder Wärme umgewandelt werden, mechanische Energie kann in Bewegung umgesetzt werden.

Energie schwingt mit unterschiedlicher Frequenz und dadurch feiner oder dichter. Materie ist eine recht dichte Form von Energie und bewegt und verändert sich aus diesem Grund langsam.

Gedanken sind eine feine Form von Energie und sind dafür leicht und sofort zu ändern. Alle Energieformen stehen in einer ständigen Beziehung zueinander und wirken aufeinander ein. Nichts kann nicht aufeinander wirken.

Alles, was auf der Erde lebt, bezieht seine Energie von der Sonne. Die Pflanzen speichern die Sonnenenergie als chemische Energie, die von Menschen und Tieren aufgenommen wird. Jede unserer Zellen besitzt dafür besondere »Energiekraftwerke«, die Mitochondrien. Hier wird die Nahrung mit Hilfe von Sauerstoff in ihre Bestandteile zerlegt und die darin gespeicherte Energie freigesetzt. Einen Teil dieser Energie braucht der Körper zu seiner Regeneration, den Rest spüren wir als Kraft oder Körperwärme. Wenn wir kraftlos sind, heißt das nicht, dass wir zu wenig Energie haben, sondern nur, dass diese Energie durch innere Blockaden nicht frei fließen kann.

Bescheidenheit ist die Kunst, andere so weit zu bringen, dass sie von selbst merken, wie bedeutend man ist!

Erfolg ist erlernbar

Es kann sein, dass Sie sich auch einmal anstrengen müssen, aber der Weg zu Erfolg und Reichtum ist nie ein Weg harter Arbeit. Vielmehr ist es ein Weg, zunächst einmal die Erfolgshindernisse zu erkennen und aufzulösen, Ballast abzuwerfen und dann seine Fähigkeiten zu erkennen und optimal einzusetzen und die Chancen zu nutzen, die das Leben ständig bietet.

Ob Sie gesund und erfolgreich sind oder arm und krank, es kostet Sie die gleiche Energie, nur ist das eine wesentlich angenehmere. Wenn Sie im Mangel leben zeigt das nur, dass Sie etwas falsch machen. Ihnen bietet sich aber auch in jedem Augenblick die Chance, es zu ändern. Die erforderliche Änderung ist immer eine Änderung Ihres Bewusstseins, Ihrer inneren Überzeugungen, Bilder und Verhaltensmuster. Denn dort entstehen die Ursachen für das, was wir Schicksal nennen. Erfolg hat wenig mit Intelligenz und Fleiß zu tun, obwohl beides zeitweise ganz hilfreich sein kann. Aber es gibt genügend intelligente und fleißige Menschen, die es nie im Leben zu etwas bringen werden. Andererseits … Sie sehen, jeder hat seine Chance!

Nehmen wir einmal an, Sie arbeiten derzeit acht Stunden täglich und verdienen, sagen wir einmal 3.000 Euro im Monat. Wenn Sie 9.000 Euro verdienen wollen, werden Sie das sicher nicht dadurch erreichen, dass Sie nun dreimal soviel arbeiten, also 24 Stunden täglich, denn gelegentlich müssen Sie auch etwas schlafen. Und schließlich wollen Sie ja auch Ihren Wohlstand genießen und auch dazu braucht man Zeit. Sie können also Ihre Arbeitszeit nicht einfach verdoppeln, Sie müssen die Qualität Ihrer Leistung erhöhen.

Das heißt letztlich, in weniger Zeit mehr und Besseres leisten. Mit Hilfe der Intuition die »richtigen« Entscheidungen treffen und diese mit zielgerechtem Handeln ohne Umwege verwirklichen. Und noch etwas sollten Sie beachten, ein wirklich erfolgreiches Leben zu leben heißt, Erfolg und Erfüllung zu finden, und das können Sie nur erreichen, indem Sie die in Ihnen liegende Lebensabsicht erkennen und erfüllen, indem Sie sich selbst erfüllen. Und natürlich genügt es auch nicht, das zu wissen oder davon zu träumen. Wenn Sie davon träumen können, dann können Sie es auch verwirklichen, und erst das führt zu Erfolg und Erfüllung. Das wäre doch ein Ziel, für das es sich lohnt zu leben.

So wird Erfolg »unvermeidlich«

Stellen Sie sich vor, Sie sind ein Sender und senden ständig Energie einer bestimmten Schwingung aus. Mit dieser Schwingung ziehen Sie ganz bestimmte Ereignisse und Umstände in Ihr Leben. Und ebenso zuverlässig schließen Sie damit andere Ereignisse und Umstände aus, auch wenn Sie sich diese noch so sehr wünschen oder sie ganz dringend brauchen. Das, was Sie so verursachen, erleben Sie dann als Ihr Schicksal.

Und nun stellen Sie sich einmal vor, Sie könnten ALLES von einem Augenblick zum anderen ändern. Sie können so ganz bewusst bestimmte erwünschte Ereignisse und Umstände in Ihr Leben ziehen. Das geschieht, indem Sie mit dem erwünschten Ereignis in »Ein-Klang« kommen. Sie kommen mit etwas in Einklang, indem Sie es in Ihrer Vorstellung »als erfüllt erleben«. Durch Identifikation mit dem erwünschten Endzustand nehmen sie es geistig in Besitz. Sie machen sich so resonanzfähig, ja geradezu »magnetisch« für dieses Ereignis und aus einer Möglichkeit der Zukunft wird so eine Realität. Dieses Ereignis tritt »in Erscheinung« und das Leben muss es in der äußeren Realität als Tatsache manifestieren.

Sie können so JEDES beliebige Ereignis in Ihrem Leben »geschehen lassen« und der Erfolg wird unvermeidlich. Sie brauchen nur die Energie des erfüllten Wunsches zu schaffen und zu halten, bis sich der erwünschte Endzustand in der äußeren Realität manifestiert hat. Dabei ist es hilfreich, sich mit einem starken Gefühl der Freude und Dankbarkeit zu erfüllen.

Charisma entwickeln

Charisma ist die Ausstrahlung eines Menschen, und ausstrahlen kann nur etwas, das da ist – und was da sein könnte ist das Wesen des Menschen, sein wahres Selbst. Die Ausstrahlung wird konzentriert, wenn sie sich in einer bestimmten Aufgabe, in einer Mission ausdrückt.

Das Wort »Charisma« ist griechisch und bezeichnet die Fähigkeit, die Aufmerksamkeit auf sich zu lenken, dort festzuhalten und Erfolg zu haben. Das Wort ist verwandt mit dem Wort »Charis«, der Göttin des Geheimnisvollen und der Nächstenliebe. Wir sprechen von Charisma, wenn ein Mensch eine starke Ausstrahlung hat und damit auf die anderen anziehend wirkt. Charisma ist nicht an Alter, Geschlecht, Position oder Leistung gebunden. Es ist auch keine besondere Gabe, die ein freundliches Schicksal an wenige Auserwählte verschenkt, sondern kann von jedermann entwickelt werden. Es tritt ganz natürlich in Erscheinung, je mehr ich echt, ehrlich und authentisch bin, mit einem Wort, je mehr ich der bin, der ich in Wirklichkeit bin – ICH SELBST!

Ich habe viel Charisma, wenn ich ganz im Einklang mit mir selbst und dem Leben, das heißt auch dem Augenblick, bin. Wenn ich »synchron« mit dem Zeitstrom lebe. Wenn ich voll im Lebensfluss stehe, ganz in meiner Mitte bin. Wenn mein Bewusstsein ganz weit ist und damit viele erreicht. Ich habe kein Charisma, wenn ich ganz eng bin, wenn ich Angst habe, wenn ich mich nicht traue, ich selbst zu sein, wenn ich voll bin mit Bildern, Programmen, Vorstellungen und mich dadurch vom Leben entferne, von dem, was JETZT ist. In dieser Enge hat mein Wesen und damit das Leben keinen Platz, sich zum Ausdruck zu bringen.

Sobald ich mich wieder mit mir selbst identifiziere und im Einklang mit mir lebe, wirkt mein ganzes Tun charismatisch. Ich sollte ganz im Hier und Jetzt leben und offen sein für die Dualität des Augenblicks und das, was jetzt zu tun ist. Dann fallen mir auch die günstigen Zufälle zu, Türen öffnen sich, die anderen verschlossen bleiben, weil das Leben sich selbst hilft, sich voll zum Ausdruck zu bringen. So habe ich auch in jedem Augenblick die Kraft, die erforderlich ist, das »Not-wendige« zu tun. Das Leben kann mir diese Dinge aber nicht zufallen lassen, wenn ich gar nicht da bin. Was nützt mir die ganze Fülle der Schöpfung, wenn ich nur ein Bewusstsein von der Größe eines Fingerhutes habe, um einzutauchen in einen Ozean an Erfüllung.

Zuerst muss ich also lernen, mich selbst als faszinierende Persönlichkeit zu betrachten, mich wirklich zu erkennen, mich so anzunehmen, ja zu lieben, wie ich bin, aus der Erkenntnis heraus, dass ich von der Schöpfung genau so gebraucht werde, dass das höchste Bewusstsein sich durch mich so zum Ausdruck bringen möchte, wie ich bin, und nicht so, wie ich gern sein möchte. Nur so wie ich bin kann ich meinen Platz ausfüllen, und nur als ich selbst kann ich von meinem Platz aus den nächsten Schritt tun. Ich erkenne mich also als die einzigartige Persönlichkeit, die ich bin, voll von Tatkraft, Möglichkeiten und voller Liebe. Die Liebe ist mein wahres Wesen.

Die natürliche Wirkung dieser einzigartigen Persönlichkeit, die ich bin, ist die Ausstrahlung und Überzeugungskraft, die wir Charisma nennen. Charisma ist nichts anderes als die Verwirklichung der wahren Persönlichkeit, des ICH BIN! Kein anderer hat meine Anlagen, Talente und Fähigkeiten – ich bin wirklich einzigartig. Noch nie hat es bisher einen Menschen gegeben wie mich und in alle Ewigkeit wird es nie mehr einen solchen Menschen geben. Ich bin einzigartig, einmalig, faszinierend und ich bin EINS mit dem EINEN!

Aus dieser Einmaligkeit strahle ich Liebe, Selbst-Bewusst-Sein, Tatkraft und Hoffnung aus, bin den anderen Chance, sich ebenfalls zu ändern. Ich bin ein lebender Beweis dafür, dass es möglich ist, jetzt und hier.

Das Bewusstsein auf einen bestimmten Seins-Aspekt richten

Indem wir unser Bewusstsein auf einen bestimmten Aspekt des Seins richten, setzen wir damit die höchste Kraft des Universums in Gang, ohne jedoch eigenwillig ein bestimmtes Ergebnis zu verursachen.

Diese Technik ist ein wesentlicher Bestandteil des geistigen Heilens. Es ist jedoch weder denken noch fühlen, es erfolgt weder eine Analyse noch wird ein Vergleich angestellt. Es ist ein besonderer Bewusstseinszustand.

Leider wird dieser Zustand oft mit Konzentration verwechselt. Konzentration jedoch ist ein rein mentaler Prozess, bei dem die Aufmerksamkeit ausschließlich auf ein Objekt gerichtet wird. Wenn wir jedoch versuchen, unsere Aufmerksamkeit intensiv auf eine bestimmte Sache zu richten, werden wir sehr bald bemerken, dass die Aufmerksamkeit abschweift und durch Gedanken und Gefühle abgelenkt wird und dass es recht schwierig ist, unser Bewusstsein daran zu hindern, bald hierhin, bald dorthin zu wandern. Doch selbst wenn es uns durch beständiges Üben gelingen sollte, ist diese Form der Konzentration für die Änderung eines bestimmten Zustandes von geringem Wert, da sie sich auf die mentale Ebene beschränkt.

Voraussetzung für die Heilung, Selbstheilung oder die Änderung eines bestimmten Zustandes ist jedoch, in einer Art konzentrativer Entspannung sein Bewusstsein auf einen bestimmten Aspekt zu richten und es dort zu halten. Das kann als Akt des Willens beginnen, sobald jedoch Herz und Bewusstsein gleich gestimmt sind, hört jeder eigene Wille auf und wir stellen unseren Willen in den Dienst des Einen, der einen Kraft, die wir GOTT nennen.

Zu Bewusstsein kommen

Wir richten also unser Bewusstsein mit ungeteilter Aufmerksamkeit auf eine bestimmte Sache, öffnen unser Herz dieser Sache und nehmen sie darin auf, hüllen sie in unsere ganze Liebe und halten sie dort fest, solange eine Wirkung geschieht. Das Tagesbewusstsein, der Verstand und der Wille können sich dabei mit ganz anderen Dingen befassen. Herz und Bewusstsein aber bleiben versunken in der Betrachtung dieser einen Sache.

Durch das gerichtete Bewusstsein tritt der Heiler in Verbindung mit der Wirklichkeit hinter dem Schein hervor und beginnt die Dinge wieder so zu sehen, wie sie wirklich sind, während sich sein Herz und sein Bewusstsein im Gleichklang befinden.

So kann man ein Problem betrachten oder einen Schmerz, kann sich und andere heilen oder etwas Verlorenes wieder finden. Man kann eine Situation heilen oder verstehen lernen, einen Mangel beseitigen, den richtigen Partner anziehen oder die Partnerschaft in Harmonie bringen. Man kann sogar seine Zukunft heilen, den Sinn des Lebens erkennen oder seinen Weg, seine Aufgabe oder den nächsten Schritt. Man kann seine Vergangenheit bewältigen, Schuldgefühle auflösen, eine Prüfung bestehen oder die Kraft zur Bewältigung einer Aufgabe finden. Man kann so sich selbst finden, sein wahres Selbst.

Wir gehen einfach hinein in das, was uns bewegt, in dem unerschütterlichen Glauben an die ideale Lösung jeglicher Situation in unserem Leben, denn die Schöpfung oder Gott hat die absolute Macht darüber. Ich bekomme so viel Erfüllung, wie ich annehmen und glauben kann.

Die Anwendung dieser Technik ist nichts anderes als die Rückkehr zur Sicht der Dinge, wie sie wirklich sind, und selbst so zu sein, wie wir gemeint sind. Die Kraft des Allerhöchsten auf unser Bedürfnis richten, auf dass wir die Fülle haben, wie verheißen.

So wecken Sie das Genie in sich

Genialität ist Ihr geistiges Erbe, Genie ist die Gabe, in der Vielfalt das Wesentliche zu erkennen.

Genialität ist weder wenigen Auserwählten vorbehalten noch ist es notwendig, sie zu erlernen. Genialität brauchen Sie nur zu erinnern, denn sie ist eine natürliche Fähigkeit Ihres wahren Selbst. Sobald Sie den Schritt vom »Ich« zum Selbst tun, und damit die Begrenzungen der Persönlichkeit hinter sich lassen, steht Ihnen Ihre natürliche Genialität wieder zur Verfügung. Jedes Genie ist ein Aspekt der einen, unbegrenzten Kraft des »ICH BIN«. Genialität ist der Raum zwischen dem reinen Geist, dem höchsten Bewusstsein und den noch unentwickelten Menschen. Genie ist das Bindeglied zwischen Gott und Mensch.

Genialität besteht aus zwei Vorgängen, der eine ist die innere Erleuchtung, das blitzartige Erkennen der eigenen wahren Natur und der damit verbundenen umfassenden Fähigkeiten und Kräfte. Der andere ist das Hinaustragen der Wahrheit und Wirklichkeit in die Welt. Mitzuhelfen, die Schöpferkraft in JEDEM Menschen zu wecken, ihn an sich zu erinnern und zu sich selbst zu erheben. Wahres Genie befreit sich selbst und die anderen. Es zeigt uns, wie Leben gemeint ist und hilft uns, die grenzenlose Fülle in Besitz zu nehmen.

Durch das Erwachen der Genialität erweitert sich der geistige Horizont und Sie erkennen überall die Wirklichkeit hinter dem Schein und das Wirken der geistigen Gesetze, als Wirkung der allumfassenden Ordnung, in die wir eingebettet sind. Sobald die eigene Genialität erwacht ist sind Sie wieder in der Lage, die EINE Kraft anzuwenden, und die stärkste Kraft des Universums gehorcht Ihnen. Und die anderen spüren, dass die Geistesebene, die sie anstreben, von Ihnen bereits bewohnt wird, dass Sie dort zuhause sind.

Ihre Genialität sorgt dafür, dass Sie immer zur rechten Zeit am rechten Ort sind, um das Richtige zu bewirken. Nichts wird versäumt, nichts geschieht falsch oder auch nur unvollständig. Ihr Genie wirkt nach Methoden, für die noch keine Regeln bekannt sind. Es gestaltet und erweitert die vorhandene Ordnung und berührt in sich und den anderen die innewohnende Weisheit.

Um Ihre Genialität zu wecken müssen Sie zunächst erkennen, wer Sie wirklich sind. Sie haben einen Körper, einen Verstand, ein Gemüt, aber Sie sind ewiges Bewusstsein, ein Teil der einen Kraft, die sich als Seele einen individuellen Ausdruck gibt. Genialität ist nichts anderes als das Leben aus dieser wahren Natur. Dann sind Sie nicht länger an die Begrenzungen des Verstandes gebunden, sondern angeschlossen an das allumfassende Informationsfeld des Allbewusstseins.

Damit sind Sie auch in der Lage, die uns überall umgebende Energie als Substanz zu benutzen, um zu manifestieren, was immer Sie wollen. Intuition ist ein Teil dieser Genialität und steht unbegrenzt zur Verfügung, sobald ich zu mir selbst erwacht bin. Als Kind war diese Intuition noch präsent, aber durch die ständige Kommunikation mit den Erwachsenen auf der äußeren Ebene und mit den physischen Sinnen verkümmert diese natürliche Fähigkeit, ohne jedoch verloren zu gehen. Sie kann jederzeit erinnert, geübt und genutzt werden. So könnten Sie Ihren Kindern helfen, diese Fähigkeit gar nicht erst verkümmern zu lassen, indem Sie immer wieder einmal auf dieser Ebene agieren. Rufen Sie Ihr Kind zuerst mental, bevor Sie Ihre Stimme erheben und sehen, ob es reagiert. Schicken Sie ihm ein Bild, was es tun oder mitbringen soll und sehen Sie, ob es »ankommt«. Oder spielen Sie mit ihm »mentales Verstekken«. Während Sie beieinander sitzen stellen Sie sich vor, wo Sie sich verstecken und »sehen« sich in diesem Versteck, während Ihr Kind zu »sehen« versucht, wo Sie sind. Oder lassen Sie Ihre Kinder solche Spiele zum Training der geistigen Sinne erfinden. Sie werden erstaunt sein, wie viel Sie von Ihren Kindern lernen können.

Natürlich sind die geistigen Sinne nicht dazu da, die körperlichen Sinne zu ersetzen. Vielmehr sind die körperlichen Sinne da, uns zu orientieren, bis die geistigen Sinne erwacht sind, um sie zu ergänzen.

Die »Eine Kraft« ruht in sich

Am Anfang war der Wille des Einen, viele zu sein. Sein Wille tritt als Schöpfung in Erscheinung. Alles Sein ist Ausdruck seines Willens.

Das Absolute, die eine Wirklichkeit hinter dem Schein, ist ein ewiges, allgegenwärtiges, grenzenloses, unveränderliches Prinzip, über das alles Nachdenken unmöglich ist, da wir seine allumfassende Grenzenlosigkeit mit dem Werkzeug unseres begrenzten Verstandes nicht erfassen können. Wir können diese »Eine Kraft« hinter allem Sein nur durch das Dasein als das Vielfältige erkennen. Jeder menschliche Ausdruck oder Vergleich könnte es nur verkleinern. Aber es gibt diese »Eine Kraft«, die allem manifestierten, begrenzten Sein vorausgeht. Wir können sie die »Schöpferische Urkraft« nennen, die geistige Ursache allen Seins oder einfach GOTT.

Alles was ist, ist das Ergebnis des Wirkens dieser schöpferischen Urkraft. Daher kann es auch nichts Totes geben – alles ist organisch und lebendig. Die ganze Schöpfung ist ein lebendiger Organismus.

Diese eine Kraft, die »unaufhörliche Bewegung des Großen Atems«, erweckt den Kosmos beim Beginn einer neuen Periode mit Hilfe zweier entgegengesetzter Kräfte, der zentripetalen und der zentrifugalen Kraft, und schafft so die Dualität, männlich und weiblich, positiv und negativ, geistig und körperlich, die zusammen doch nur Ausdruck des Wirkens der »Einen Kraft« sind. Dieses Wirken versetzt den Kosmos von der Ebene des Ideals auf die Ebene der begrenzten Manifestation und lässt das Ideal so offenbar werden.

GOTT SCHUF NICHT DIE WELT;
GOTT WURDE DIE WELT!

Alles was ist, war und jemals sein wird, ist ewig, denn alles hat die gleiche Grundsubstanz, ist eine Manifestation des Ewigen. Der Wissenschaftler mag diese Grundsubstanz Energie nennen, der Metaphysiker Geist, der Religiöse einfach Gott. Der Grad der Schwingung bestimmt die Art der Manifestation und jede Änderung der Schwingung bewirkt eine Veränderung der Form der Manifestation.

Alles ist beseelt und jede Seele ist ein ungetrennter Teil der universellen Seele der Schöpfung, die selbst wieder ein Ausdruck der »Einen Kraft« ist. Alles Sein nimmt auf seine individuelle Reise, seine Pilgerschaft durch Raum und Zeit, einen Funken dieser göttlichen Allseele mit, ohne die es kein Sein hätte. Und alles im Kosmos hat Bewusstsein, gleich, auf welcher Ebene es in Erscheinung tritt. Es gibt keine tote Materie, ebenso wenig, wie es kein blindes oder unbewusstes Gesetz gibt.

Nichts in dieser Welt ist Zufall, sondern alles gehorcht dem Gesetz von Ursache und Wirkung. Alles Leben ist Gesetz. Schon der Name »Kosmos« bedeutet »Ordnung« und besagt, dass alles Sein nach einem ihm innewohnenden Schöpfungsplan abläuft. Dieser Schöpfungsplan findet seinen Ausdruck in den »geistigen Gesetzen«. Für die vielfältigen Ausdrucksmöglichkeiten des Lebens ist es notwendig, dass ein solcher Plan existiert, der das »Zusammenleben« regelt, denn schon ein einziger »unplanmäßiger« Zufall würde sonst die Ordnung des Universums durcheinander bringen und das Zusammenspiel der Kräfte stören.

Diese geistigen Gesetze sind den meisten Menschen unbekannt, aber deswegen sind sie nicht weniger wirksam. Wirklichkeit heißt ja so, weil sie wirkt, ganz gleich, ob ich an sie glaube oder nicht. Die Schöpfung würde sich in einem ziemlichen Chaos befinden, wenn die geistigen Gesetze erst wirksam werden könnten, wenn der Mensch sie erkannt hat. Aber wenn wir auch die hinter den Ereignissen wirksamen Gesetze nicht immer erkennen, so sind sie doch vorhanden, ja die Ereignisse sind gerade ein Beweis für das Wirken dieser geistigen Gesetze.

Ein Gesetz ist zwar nicht messbar, aber seine Auswirkungen sind messbar, und wir haben eine Möglichkeit, auch Gesetze zu erforschen, die wir noch nicht kennen. Auch diese Möglichkeit ist uns gegeben durch ein Gesetz, das »Gesetz der Analogie«. Durch das zuverlässige Wirken dieses Gesetzes können wir auch Bereiche des Lebens erforschen, die sich bisher unserer Erkenntnis entzogen haben. Die Beobachtung der Realität zeigt uns dann später, ob wir das Gesetz umfassend erkannt haben.

Wir können diese geistigen Gesetze nicht ändern, wir können uns höchstens dagegen auflehnen. Doch sobald wir eigenwillig werden, beginnt das Gesetz von Ursache und Wirkung wirksam zu werden und konfrontiert uns mit den Folgen unseres Tuns. Die Wirkung dieses Gesetzes nennen wir dann Schicksal.

Wir können aber auch mit den geistigen Gesetzen kooperieren, dann dienen sie uns willig, so wie alles, was uns widerfährt, uns immer nur dienen und helfen will, mag es uns als Wirkung noch so unangenehm sein. Lernen wir jedoch, mit den geistigen Gesetzen in Einklang zu leben, befinden wir uns auch im Einklang mit der Schöpfung, mit dem Leben selbst. Wir lernen dann im »Buch der Schöpfung« zu lesen und erkennen immer klarer die Wirklichkeit hinter dem Schein.

Deshalb möchte ich versuchen, Ihnen mit diesem Buch die geistigen Gesetze und ihre Auswirkungen, soweit ich sie erkannt habe, begreiflich zu machen, damit Sie die Freiheit der Wahl haben. Damit Sie die Gnade erkennen, in jedem Augenblick Ihr Leben neu bestimmen zu können.

Was ist »Wohlstand«?
Wohlstand ist, wenn alles wohl steht!

Wer ist »vermögend«?
Vermögend ist, wer viel vermag!

Wer ist »erfolgreich«?
Als Schöpfer sind wir immer erfolgreich!

Sein Wohlstandsbewusstsein entwickeln

Das Denken ist zwar allen Menschen möglich, aber vielen bleibt es ein Leben lang erspart!

Ein wichtiger Schritt zum Erfolg ist, sein »Wohlstandsbewusstsein« zu entwickeln. In unserem Bewusstsein kann immer nur ein Gedanke gleichzeitig sein. Das ist eine Begrenzung, aber auch eine wunderbare Chance, wenn Sie dafür sorgen, dass es der richtige Gedanke ist. Man muss sich »resonanzfähig« machen für den Erfolg. Machen Sie sich bewusst, dass nur das in Ihrem Leben wirksam ist, was Sie DENKEN und GLAUBEN. Wissen allein bewirkt noch nichts. Ihr Leben entspricht nicht dem Umfang Ihres Wissens, sondern dem Inhalt Ihres Denkens und Glaubens.

Wohlstandsbewusstsein zu entwickeln beginnt damit, dass Sie das Mangelbewusstsein loslassen. Das geschieht durch die Erkenntnis, dass die Fülle Sie umgibt und nur darauf wartet, für Sie in Erscheinung zu treten. Was für Sie in Erscheinung treten will, kann aber nur durch Sie Wirklichkeit werden.

Sobald Sie das erkannt haben und wissen, dass in Wirklichkeit alles wohl steht, brauchen Sie sich nur innerlich dafür zu öffnen und sich weit fühlen und es annehmen, dann sind Sie wieder im Wohlstandsbewusstsein. Mangelbewusstsein besteht darin zu glauben, etwas müsse geändert, verbessert, optimiert werden. Sie leben im Mangel, solange Sie das glauben, Der Mangel bleibt auch im Außen sichtbar und begleitet Sie durch Ihr Leben, bis Sie eines Tages zu Bewusstsein kommen.

Ihr derzeitiges Einkommen, der Stand Ihres Bankkontos und Ihr persönlicher Erfolg sind das Ergebnis einer unbewussten geistigen Formel, die in Ihrem Inneren wirksam ist. Diese Formel ist meist das Ergebnis einer Konditionierung durch die Umwelt. Aber es ist natürlich jederzeit möglich, diese »innere Formel« zu ändern, so dass sie für Sie und nicht mehr gegen Sie arbeitet. Vielleicht erscheint es Ihnen zunächst unglaublich, dass eine innere Formel einen solchen Einfluss auf Ihr Leben haben soll, aber es ist eine Tatsache. Geändert wird diese Formel, indem Sie sich zunächst einmal Ihre derzeitige Formel bewusst machen. Dabei werden Sie die Feststellung machen, dass sie meistens nicht mehr Ihrem derzeitigen Maßstab entspricht. Nun brauchen Sie sich nur noch Ihre derzeit gültige innere Formel bewusst zu machen und freudig zu bejahen und im gleichen Augenblick beginnt sie unaufhörlich, für Sie zu arbeiten.

Wenn Sie es sich nicht vorstellen können, dass auch Sie solche begrenzenden Vorstellungen in sich tragen, dann gehen Sie doch einmal alle Ihre verschiedenen Lebensbereiche in Gedanken durch und schreiben Sie auf, wovon Sie in diesem Bereich überzeugt sind. Schreiben Sie nicht auf, was Sie in diesem Bereich denken sollten oder wollen, sondern was Sie wirklich glauben, wovon Sie zutiefst überzeugt sind. Schreiben Sie diese Vorstellungen und Überzeugungen auf die linke Seite eines Blattes (meistens werden Sie mehrere Blätter brauchen) und auf die rechte Seite schreiben Sie dann eine entsprechende neue Überzeugung, die Ihrem jetzigen Wertmaßstab entspricht.

Das könnte etwa so aussehen:

Man kann im Leben nicht alles erreichen.	Ich erreiche im Leben, was immer ich wirklich will.
Es ist schwer, wirklich gute Freunde zu finden.	Ich bin mir selbst ein guter Freund.
Man kann sich nicht alle Wünsche erfüllen.	Ich kann mir jeden wichtigen Wunsch erfüllen.

Erfolg zu haben ist mühsam.	Erfolgreich zu sein macht Freude.
Ich habe nie genug Zeit für das, was ich tun will.	Ich habe immer für alles genügend Zeit.
Krankheiten sind unvermeidbar.	Die Harmonie meines Bewusstseins bestimmt meine Gesundheit.
Man wird im Leben immer wieder enttäuscht.	Ich gestalte frei die Umstände meines Lebens.
Es kann im Leben nicht immer alles glatt gehen.	Es geschieht immer genau das, was ich verursache.
Man kann nicht immer so, wie man will.	Ich kann alles, was ich wirklich will.
Seinem Schicksal kann man nicht entrinnen.	Ich bestimme mein Schicksal selbst.
Mit den Jahren wird Freude immer seltener.	Mein Leben wird immer erfüllender.
Die Jugend geht viel zu schnell vorbei.	Man ist so jung, wie man sich fühlt.

Noch nie hat es jemand geschafft, mit einem Mangelbewusstsein im Wohlstand zu leben. Das eine schließt das andere absolut zuverlässig aus, aber ebenso zuverlässig zieht es das an, was es beinhaltet.

Ein nicht zu unterschätzendes Erfolgshindernis ist, für den Erfolg »arbeiten« zu wollen. Sollten Sie sich gelegentlich dabei ertappen, dass Sie noch arbeiten, dann sollten Sie das schleunigst ändern. Menschen, die arbeiten, können nicht erfolgreich sein, ich meine wirklich erfolgreich – und das wollen Sie doch, oder? Also hören Sie auf zu arbeiten. Fangen Sie an, das zu tun, was Ihnen wirklich Freude macht. Was man mit Freude tut, das tut man in der Regel auch gut, und was man gut tut, das wird auch gut bezahlt.

Arbeit ist alles, was keinen Spaß macht, sonst wäre es ja Freude, und wer schaut schon bei der Freude auf die Uhr? Für Freude gibt es auch keinen Feierabend und Urlaub haben Sie dann ohnehin immer. Wenn Ihnen also Ihre Tätigkeit keinen Spaß macht, dann machen Sie noch irgendetwas falsch – und das sollten Sie schnellstens ändern. Das heißt nicht, gleich alles fallen zu lassen, was Sie tun, und nur noch zu tun, wozu Sie gerade Lust haben. Das würde bald zur Last werden. Prüfen Sie vielmehr, welche Tätigkeit in Ihrem Leben noch »Arbeit« ist und machen Sie sich bewusst, was Sie viel lieber täten und SCHAFFEN Sie sich die Möglichkeit, genau das zu tun. Lassen Sie sich Zeit und stellen Sie Ihr Leben gründlich um, so dass die Tätigkeit zur Lust wird. Zu einem erfüllenden Ritual, mit dem Sie sich selbst immer näher kommen. Mit dieser Einstellung gehen Sie auch nie in Pension oder Rente, denn weshalb sollten Sie die Erfüllung Ihres Lebens mit einem bestimmten Alter beenden?

Machen Sie sich bewusst, dass Sie gekommen sind, um im Wohlstand zu leben und dass es zum Wohlstand gehört, dass es bei Ihnen in allen Lebensbereichen wohl steht. Prüfen Sie einen Bereich nach dem anderen und beseitigen Sie jeden Mangel. Zum wirklichen Wohlstand gehört: Gesundheit, ein glückliches Familienleben, gute Freunde, ein Beruf, der wirklich Berufung ist, genügend Geld und genügend Zeit für alles, was Ihnen wichtig ist, Erfolg, Freiheit, schöne Erinnerungen, reiches inneres Erleben, loslassen können, Offenheit, Ehrlichkeit besonders sich selbst gegenüber, authentisch sein, die Wirklichkeit hinter dem Schein zu erkennen und mit den Jahren allmählich weise zu werden und damit möglichst früh anzufangen.

Ursache, Wirkung und Schicksal

Alles Geschehen auf dieser Welt gehorcht dem Prinzip von Ursache und Wirkung. Alle sichtbare Schöpfung ist, wie der Name schon sagt, eine Wirkung, hinter der immer ein Schöpfer steht, dessen Wille sich auswirkt, denn wo eine Schöpfung ist, muss immer auch ein Schöpfer sein, denn das Gesetz lautet: »Nichts kommt von nichts«.

Immer gibt es einen Zusammenhang zwischen dem, was war, und dem, was folgt. Alles Geschehen gehorcht dem Gesetz von Ursache und Wirkung. Das, was wir Zufall nennen, ist nur ein Ausdruck für eine verborgene, unbekannte Ursache, aber niemals geschieht etwas ohne Ursache. Natürlich können wir tun und lassen, was wir wollen, aber wir können nicht »wollen, was wir wollen«, denn auch für unseren Willen gibt es eine Ur-Sache, zusammengesetzt aus Umwelteinflüssen, Meinungen, Erfahrungen und Umständen, die alle wieder eine Ursache haben. Und doch haben wir in jedem Augenblick des Lebens die Möglichkeit, in diese Kette von Ursache und Wirkung einzugreifen, eine Wirkung zu verändern oder auch eine neue Ursache zu setzen. Doch es gibt nichts außerhalb des Gesetzes und nichts geschieht im Gegensatz zu ihm.

Das Gesetz selbst hat keine Entscheidungsfreiheit, was es hervorbringen möchte. Es sagt nur: »Wenn ein Schöpfer dies tut, geschieht dies! Tut er jenes, geschieht jenes.« Das Gesetz ist der treue Diener des Schöpfers und jede Wirkung entspricht in Qualität und Quantität immer genau der Ursache.

So gibt es, wie gesagt, auch keinen Zufall, denn auch er gehorcht dem Gesetz von Ursache und Wirkung. Zufall ist das, was mir auf Grund meines So-Seins zu-fällt. Zufall und Glück sind nur Bezeichnungen für einen nicht erkannten Zusammenhang.

Wir alle haben unser Schicksal, tragen es mehr oder weniger geduldig, aber kaum jemand fragt sich einmal, warum er unter diesen Umständen lebt, was sie verursacht und ob und wie man sie eventuell ändern könnte. Lieber hoffen wir auf ein Wunder. Der Kranke auf eine medizinische Kapazität oder ein neues Wundermittel und wenn das nicht hilft, auf einen Geistheiler, der ihn mühelos und schnell gesund macht, nur um danach genauso falsch weiterzuleben. Der Arme will schnell reich werden, möglichst durch einen Lottogewinn, wo der Einsatz gering, aber das Ergebnis großartig ist. Der Einsame will seinen Idealpartner finden, natürlich von selbst, durch eine wunderbare Fügung des Schicksals, ohne sich zu fragen, ob er denn derzeit für den anderen ein idealer Partner wäre.

Das »Gesetz des Schicksals« hat aber keine Entscheidungsfreiheit. Es sagt nur: »Wenn du das tust, geschieht das, und wenn du dies tust, geschieht dies.« Es gibt auch keine »Schicksalsverteilungsstelle« im ganzen Universum, es gibt nur Ursache und Wirkung. Wir nennen die Schöpfung KOSMOS und das bedeutet Ordnung. In dieser Ordnung ist kein Platz für Glück oder Pech oder Zufall, denn mein Schicksal ist nur ein Spiegelbild meines Seins.

Jeder meiner Gedanken ist ein Baustein meines Schicksals. Schicksal entsteht nur durch Eigenwilligkeit. Sobald ich nur noch »seinen« Willen erfülle, kann mich das Gesetz des Schicksals nicht mehr erreichen. So kann auch nur ich mich vom Schicksal befreien, indem ich den Eigenwillen loslasse und mich nicht mehr frage: »Was will ich vom Leben«, sondern »Was will das Leben von mir?«

Ich verstehe mein Schicksal erst, wenn ich die »Botschaft meines Körpers« verstehe und die »Sprache der Lebensumstände«. Dann verstehe ich, warum ich krank geworden bin und gerade diese Krankheit bekommen habe, einen Unfall hatte, einen Feind habe oder zu Macht, Ruhm und Ehre gekommen bin. Ich erkenne alles dies als Lektionen, die das Leben mir schickt, weil ich sie »Not-wendig« gemacht habe. Mein »Klassenlehrer« in der Schule des Lebens ist »Dr. Alltag«. Die Nachhilfelehrer aber sind: »Dr. Krankheit, Dr. Sorge und Dr. Leid.«

Das »Denkinstrument« optimieren

Wir müssen lernen, möglichst optimal mit unserem Denkinstrument umzugehen. Das heißt vor allem wahres, positives Denken, also zu erkennen, dass alles, was mir widerfährt, in Wirklichkeit für mich gut ist, weil ich es »Not-wendig« gemacht habe und es mir nur dienen und helfen will. Deshalb sollte jeder die Aufgaben des Lebens annehmen und erfüllen, weil sonst das Schicksal nur gezwungen ist, die Lektion zu wiederholen, bis ich sie gelöst habe.

Geistige Techniken muss man ebenso lernen wie das Laufen, Essen, Radfahren, Schwimmen. Auch sprechen kann man nicht können wollen – man muss es Wort für Wort lernen. Im Leben schreitet der am sichersten voran, der am besten vorbereitet ist, der seine Kräfte optimal einzusetzen und seine Möglichkeiten voll auszuschöpfen weiß.

Unsere Lebensumstände existieren durch unsere Gedanken. Wir sind es, die Gedanken denken, die Handlungen nach sich ziehen. Diese wiederum erschaffen alle Wirkungen in unserem Leben – unsere Wirklichkeit. Die meisten Gedanken denken wir unbewusst. Unbewusste Gedanken aus der Kindheit wirken ebenso zuverlässig wie die Meinungen anderer, die wir täglich hören und unbewusst annehmen. Aber auch Redewendungen, die wir selbst täglich gebrauchen, wie:

»Ich glaube nicht, dass es was wird.« »Beim Geld hört die Freundschaft auf.« »Das schaffe ich nie.« »Ich bin heute wieder so kaputt.«

Durch ständige Wiederholung überzeugen wir unser Unterbewusstsein allmählich von der Wahrheit dieser Behauptungen und es beginnt, sich danach zu verhalten.

Der Unterschied zwischen einem Weisen und einem Narren besteht darin, dass der Weise seine Gedanken beherrscht, während der Narr von ihnen beherrscht wird.

**Gedanken, die wir nicht loswerden,
werden unser Los!**

Ganz selten fragt man sich, warum man unter diesen Umständen lebt, was sie verursacht und wie man selbst sie ändern könnte. Wie man gesünder leben oder die eigene Leistung erhöhen könnte, oder wie man selbst zu einem idealen Partner wird, der automatisch einen »entsprechenden« Partner anzieht. Wir wollen Geschenke haben und vergessen, dass man nur ernten kann, was man gesät hat.

Dabei bietet uns unser Leben ständig neue Möglichkeiten, wir müssen sie nur erkennen und nutzen. Richten Sie Ihren Blick nicht länger auf den Mangel, denn das führt zu Unzufriedenheit und Aggression. Sobald Sie aber Ihren Blick auf die Möglichkeiten richten, bietet Ihnen das Leben in jeder Sekunde eine Chance und Ihr Leben wird reicher und Sie selbst glücklicher!

Erkennen wir also: Überall ist Mangel, denn sonst gäbe es ja nichts mehr zu tun, aber überall sind Möglichkeiten und jede Schwierigkeit ist in Wirklichkeit eine verkleidete Möglichkeit. Glück ist nicht Glückssache, sondern die Folge von Hören, Denken, Erkennen und Nutzen von Möglichkeiten, die das Leben in Fülle bietet. Dabei ist es vollkommen gleich, woher Sie kommen, entscheidend ist nur, WOHIN SIE JETZT GEHEN! Tun Sie den ersten Schritt in die richtige Richtung JETZT und Ihr Leben ändert sich in diesem Augenblick.

Jeder bestimmt durch die Öffnung und Ausrichtung seines Bewusstseins selbst die Stufe, auf der er lebt, gibt sich selbst seinen Wert und genießt so viel Achtung, wie er sich selbst erweist.

Der Kluge lernt aus seinen Fehlern, der Weise lernt aus den Fehlern der anderen und der Narr lernt weder aus dem einen noch aus dem anderen.

Es ist ein hartes Los, eine Niete zu sein!

Wenn wir also die fast unbegrenzten Möglichkeiten unseres Denkinstrumentes optimal nutzen wollen, sollten wir zunächst eine »Gedankenkur« machen – eine »mentale Diät«. Einfach einmal vier Wochen möglichst nur positiv denken, reden, fühlen und handeln. Positive Gesellschaft und Umgebung suchen, positive Gewohnheiten entwikkeln und stärken, sich mit positiven Gefühlen erfüllen, Positives lesen und anschauen.

Dabei jeden Ärger, jede Angst und jeden Stress sofort »umerleben«. Auch Schuldgefühle, Sorgen, Zweifel, Wut, Selbstmitleid, Aufregung mental umerleben. Auch jeden Gedanken an Krankheit, Armut, ja sogar an Zufall sofort bewusst machen und auflösen. Morgens und abends gründlich »Psychohygiene« betreiben und tagsüber stündlich eine Stilleminute einlegen. Außerdem sein Bewusstsein ausrichten, wann immer Besuch kommt oder das Telefon klingelt.

Sich also bewusst machen, wer ich wirklich bin und aus diesem höchsten Bewusstsein heraus handeln. Das Ganze vier Wochen diszipliniert durchhalten und dann wegen der überzeugenden Ergebnisse zur Gewohnheit werden lassen.

Lernen Sie, Gedanken zu denken, deren Folgen Sie gern in Ihrem Leben hätten, denn »Unsichtbares ist nicht unwirksam«!

Sicherheit und Selbstvertrauen

Was ist das und welche Auswirkung hat es? Das Wissen, alle Lebenslagen aus eigener Kraft meistern zu können, und das Vertrauen zu sich selbst unterscheidet einen wirklich selbstsicheren Menschen von der Masse der Unsicheren. Er kann sein Leben nach seinen eigenen Vorstellungen gestalten, kann seine Wünsche realisieren und mit sich und seiner Umwelt in Harmonie leben. Wer hingegen an sich zweifelt, abhängig ist von der Meinung anderer, wird alles zögernd angehen und wird gehemmt durch die eigene Unsicherheit viel seltener ein Ziel erreichen. Er kann sich nicht selbst verwirklichen, kann all die wunderbaren Anlagen, die er hat, nicht nutzen.

Jeder Mensch hat jedoch die Möglichkeit, sich Selbstvertrauen und Sicherheit zu erarbeiten. Und das ist einfacher, als Sie denken. Sie brauchen lediglich den Wunsch, sich zu entdecken, Offenheit sich selbst gegenüber und natürlich Zeit. Es gibt viele Wege zu sich selbst, aber es gibt nur einen Beginn: Die Suche. Schon in der Bibel heißt es »Suchet, so werdet ihr finden«. Wir begeben uns auf die Suche nach dem größten Schatz, den uns das Leben überhaupt bieten kann, uns selbst. Wenn Sie sich selbst gefunden haben, dann stehen Ihnen alle Möglichkeiten, Ihr Leben glücklich und erfüllt zu leben, zur Verfügung. Wir lernen uns kennen, können uns lösen von gewohnten Verhaltensstrukturen und eingefahrenen Denkweisen. Wir können uns in einem anderen Licht sehen, können viel Neues an uns und in uns erkennen. Wir werden uns unseres Selbst bewusst, werden SELBST-BEWUSST, und diese Kenntnis um uns selbst gibt Sicherheit und Vertrauen in uns und unsere Fähigkeiten. Wir leben aus unserer Mitte heraus, haben die Gewissheit, dass wir uns auf uns verlassen können, und deshalb gibt es nichts, was uns von unserem Erfolgskurs abbringen könnte.

Selbstsicherheit heißt JA sagen zu sich selbst, bedeutet innere Freiheit und tiefes Vertrauen zu den eigenen Kräften und Fähigkeiten. Möchten Sie nicht auch zufrieden mit sich sein, Glück empfinden können, sich und anderen Freude bereiten? Möchten Sie einmal verrückte Dinge unternehmen – vielleicht eine Weltreise machen, Drachenfliegen oder möglicherweise in späten Jahren endlich Ihren Traumberuf erlernen? Sie können es, wenn Sie es wollen und die Voraussetzungen in sich selbst dazu schaffen. Das Leben macht sehr viel mehr Spaß, wenn Sie das tun, was Sie wollen, wenn Sie sich nicht einengen lassen, sondern nach Ihren Vorstellungen leben. Sehen Sie, wie der Vogel sich in die Lüfte erhebt, mit ruhigem Flügelschlag seine Runden zieht und alle Erdenlast weit unter sich zurücklässt. Auch Sie können die Fesseln ablegen, die in Form von Unsicherheit, Zögern, Angst,

Zweifel Ihre Seele einengen – schwingen Sie sich in die Lüfte, sehen Sie die Welt mit ihren Problemen aus der Vogelperspektive, vertrauen Sie auf die Kraft in sich und suchen Sie alles in sich selbst, denn nur dort finden Sie den Beginn für den weiteren Weg.

Sie benötigen dazu erst einmal Ruhe, um in sich zu gehen und Ihr höheres Selbst zu finden, Ihre innere Stimme zu hören und die Wahrheit zu erfahren. Sie lernen zu unterscheiden zwischen Schein, Sein und Wirklichkeit. Sie werden mit den geistigen Gesetzen in Berührung kommen und mit deren Hilfe Ihr Leben auf ein festes Fundament stellen.

Sie sind auf der Suche – auf der Suche nach sich selbst – und wir begleiten Sie auf diesem Weg, geben Ihnen Hilfestellung, zeigen Ihnen Möglichkeiten der Selbsterfahrung und der Selbsterkenntnis. Ankommen kann nur, wer ein Ziel hat. Legen Sie Ihr Ziel genau fest. Sie sollten sich darüber klar werden, was Sie wollen, welche Richtung Sie einschlagen und welche Wege Sie gehen möchten. Wenn Sie einen Berg besteigen wollen, dann können Sie entscheiden, ob Sie den direkten Weg gehen oder den leichteren, aber längeren Weg nehmen, ob Sie bis ganz zum Gipfel möchten oder ob es Ihnen genügt, nur die Hütte im oberen Teil des Berges zu erreichen. So ist das auch bei allen Wünschen, die Sie an das Leben haben – der Weg entscheidet mit über den Erfolg.

Es ist kein Zufall, dass Sie dieses Buch lesen. Sie fühlen, dass Sie glücklicher sein könnten oder zumindest zufriedener. Sie möchten etwas verändern, denn sonst hätten Sie sich nicht für dieses Buch entschieden. Sie haben also schon den ersten Schritt getan – machen Sie die nächsten Schritte mit uns, kraftvoll und mit Freude.

Fragen Sie sich, was es für Sie bedeutet, selbstsicherer zu sein. Was verändert sich damit an Ihrer augenblicklichen Situation?

- Haben Sie mehr Freude am Leben?
- Können Sie akute Probleme lösen?
- Können Sie Ihre Ziele besser erreichen?

Die Kunst, zu lieben

Wenn man jemanden fragt, ob er weiß, was Liebe ist, wird er vermutlich antworten. »Natürlich, Liebe ist, wenn ich meine Frau gern habe und meine Kinder. Liebe ist, wenn ich bereit bin, für einen anderen alles zu tun.« Aber ist Liebe in Wirklichkeit nicht viel mehr als das?

Zwar kann uns das, was wir Liebe nennen, auch krank machen, vor allem eifersüchtig, aber wir verdanken der Liebe auch unsere schönsten Gedichte und die bezauberndsten Klänge, vor allem aber verdanken wir der Liebe unser Leben. Und doch bleibt die Frage:

Liebe, was ist das eigentlich?

Ist das ein schönes Gefühl, ein wohlwollender Gedanke, ein bestimmtes Verhalten oder ein besonderer Bewusstseinszustand? (Spüren Sie doch einmal auf jeder Ebene nach und erleben Sie, was Liebe für Sie wirklich ist). Fragen Sie sich auch einmal, in welcher Situation Sie Liebe erlebt haben und wie sie sich bemerkbar gemacht hat. Vielleicht wie bei dem kleinen Mädchen, das seine Mutter fragte: »Mami, wie merkt man eigentlich, wenn man verliebt ist?« Und die Mutter antwortete: »Das kann ich dir so auch nicht sagen, aber wenn es soweit ist, dann merkst du es ganz deutlich.«

Die Liebesfähigkeit eines Menschen zeigt die Reife seiner Seele, doch was die meisten Menschen so Liebe nennen, hat mit Liebe noch wenig zu tun, ist eher eine Blüte, die wir gedankenlos vom Baum des Lebens pflücken, bevor sie zur Frucht werden konnte.

Von allen Künsten ist die Kunst der Liebe die am wenigsten studierte und am wenigsten praktizierte.

Ist Liebe eine Kunst?

Die meisten Menschen glauben, dass Liebe eine Sache des Zufalls ist, etwas das geschieht, wenn man eben Glück hat. Hat man Pech, geschieht es eben nicht oder meine Liebe wird nicht erwidert. Auf jeden Fall aber kann ich nichts dafür. Ist Lieben aber eine Kunst, dann erfordert sie Wissen um die Zusammenhänge und die Bereitschaft, das Notwendige zu tun.

Da ist zunächst das Problem, dass die meisten Menschen sich nur für den Teil der Liebe interessieren, den sie selbst bekommen. Sie wollen vor allem geliebt werden und kümmern sich weniger darum, wie weit ihre Fähigkeit zu lieben ausgeprägt ist. Sie wollen, wenn sie sich schon bemühen, liebenswerter sein. Die Frauen machen sich zu diesem Zweck schöner, schminken sich, kleiden sich modisch und duften verführerisch. Vielleicht achten sie noch auf angenehme Manieren, sind gebildet und in der Lage, sich interessant zu unterhalten. Ganz eifrige studieren noch geistige Techniken, um leichter Freunde zu gewinnen und alles dies, um mehr geliebt zu werden. Nur wenige sind bereit, selbst mehr zu geben und wirklich lieben zu lernen.

Viele glauben auch, dass es gar nichts zu lernen gibt, weil die Liebe abhängig vom Objekt sei und nicht von der eigenen Fähigkeit. Wenn mir nur der richtige Partner begegnet, dann kommt die Liebe von selbst, so glauben sie. Sie vergessen, dass Lieben geben und nehmen ist und dass sie immer mit dem Geben beginnt. Vielleicht ist das Erste, was ich gebe, der gute Eindruck, den ich mache, mein Äußeres – aber das reicht nicht lange. Will ich wirklich Liebe erleben, muss ich bald mehr geben. Das ganze Geheimnis der Liebe besteht darin, Liebe zu geben.

Dem »idealen Partner« aber kann ich erst begegnen, wenn ich selbst ein idealer Partner geworden bin. Würde ich ihm früher begegnen, wäre die Begegnung sinnlos und schmerzvoll, weil ich ihm kein idealer Partner sein könnte. Meiner »großen Liebe« kann ich erst begegnen, wenn ich die »Große Liebe« in mir gefunden habe. Dann brauche ich sie im Außen zwar nicht mehr, aber erst dadurch mache ich sie möglich, ziehe ich sie nach dem Resonanzgesetz an.

Der Sinn einer Partnerschaft ist der, dass mich der andere mit meinem Mangel konfrontiert, mir zeigt, wo ich noch nicht ganz »heil« bin, nicht »ich selbst« bin. Die Auseinandersetzung mit dem anderen, bei dem ich bleibe, weil ich ihn liebe, soll mich also letztlich zu »mir selbst« führen, mir helfen, ganz ich selbst zu sein. So ist der Partner, den ich derzeit habe, der ideale Partner für mich und ich für ihn, denn er ist so viel oder so wenig ideal wie ich selbst. Aber gemeinsam sind wir auf dem Weg zu uns selbst, ob wir es wissen und wollen oder nicht.

Eine »reibungslose Partnerschaft« wäre daher auch nur sinnvoll, wenn eine gemeinsame Aufgabe dies erfordert. Bis dahin konfrontieren wir uns gegenseitig immer wieder mit unserem »So-sein«, bis jeder ganz »er selbst« geworden ist. Wenn ich dann ganz »ich selbst« geworden bin, dann erst bin ich der ideale Partner. Dann brauche ich nichts mehr und bekomme alles und lebe in der Fülle meines wahren Seins im Paradies.

Das große Glück finde ich nicht dadurch, dass ich viel Liebe von meinem Partner bekomme, sondern dadurch, dass ich meine eigene Fähigkeit optimiere, Liebe zu empfinden und zu verschenken. Denn was würde es mir nützen, wäre ich schön, hätte Erfolg, Geld und Macht, würde geliebt und bewundert. Solange ich selbst nicht liebe, bleibt meine Seele leer.

Das Ziel einer Partnerschaft ist daher nicht das liebevoll turtelnde Paar, das ohne den anderen nicht leben kann, sondern im Idealfall zwei Menschen, die miteinander und aneinander »heil« geworden sind und sich daher nicht mehr brauchen, weil jeder alle Aspekte des anderen aufgenommen hat.

In dieser »Kunst zu lieben« liegt der ganze Sinn des Lebens.

Ein Mann suchte sein ganzes Leben lang nach der idealen Partnerin. Er wurde reich und berühmt – aber blieb allein. Als er alt war, fragte ihn ein Reporter, ob seine Suche keinen Erfolg gehabt habe, und er sagte: »Doch, ich habe sie gefunden. Als ich dreißig war, bin ich ihr begegnet. Aber leider suchte auch sie nach dem idealen Partner!«

So wie diesem Mann geht es vielen von uns. Wir sind auf der Suche nach dem idealen Partner und übersehen, dass wir nach dem Gesetz der Resonanz den idealen Partner ja erst dann anziehen können, wenn wir selbst zum idealen Partner geworden sind. Somit ist der Partner, mit dem wir derzeit zusammen sind, genau der ideale Partner, weil er uns mit den Lektionen konfrontiert, die wir noch zu lernen haben, um wirklich ein idealer Partner zu sein.

Und wir machen noch einen Fehler. Wir suchen nach der Liebe außen – wir wollen geliebt werden. Unbewusst sehnen wir uns nach der Situation unserer Kindheit, als wir geliebt wurden, so wie wir waren. Wir wurden umsorgt und fühlten uns geborgen. Verständlich, dass wir dieses Gefühl des Geliebtseins und der Geborgenheit weiter erleben möchten. Doch ich kann nur so viel Liebe bekommen, wie ich selbst gebe. Die Mutterliebe war ein »Vorschuss« des Lebens, den ich als Erwachsener zurückzahlen muss, denn ich kann nur ernten, was ich gesät habe. Liebe ist wie eine einsame Berghütte, man findet nur vor, was man mitbringt. Korrigieren wir also den Fehler, uns nur für den Teil der Liebe zu interessieren, den wir bekommen, und fangen wir an, selbst Liebe zu geben, uns im Lieben zu erfüllen, selbst Liebende zu werden. Dann leben wir ein erfülltes Leben und wenn wir dann auch noch geliebt werden, dann ist das ein zusätzliches Geschenk. Wir brauchen es nicht mehr, aber gerade damit machen wir es möglich.

Manche Menschen aber haben Angst vor der Einsamkeit, fühlen sich ohne Partner nicht lebensfähig, sind unfähig, allein glücklich zu sein und hoffen, dass ihre Einsamkeit verschwindet, wenn sie mit einem anderen zusammen sind. Zwei unglückliche Menschen zusammen werden aber nicht dadurch glücklich, dass sie zusammen sind. Zumal dann die Angst dazukommt, den anderen wieder zu verlieren. Angst ist keine Grundlage für wirkliche Liebe.

Ich bin jedem dankbar,
der mich zwingt
zu beweisen,
was ich kann.

Das mentale Umerleben

Wir können zwar vergangenes Handeln nicht ungeschehen machen, aber mit Hilfe der Technik des mentalen Umerlebens können wir jede Situation energetisch in die gewünschte Form bringen, so dass sie nur noch erwünschte Folgen haben kann. Das muss natürlich geschehen. BEVOR sie sich als Ereignis manifestiert hat. Sie können somit die Folgen einer unerwünschten Handlung durch mentales Umerleben korrigieren und gleichzeitig geben Sie damit Ihrem Unterbewusstsein ein Bild des erwünschten Handelns, so dass Sie damit auch zukünftiges Handeln Ihrem inneren Wertmaßstab anpassen.

Ihr Unterbewusstsein kann nicht unterscheiden zwischen Realität und einer lebendigen Vorstellung.

Sobald Sie erkannt haben, dass Ihr Handeln nicht richtig war, versetzen Sie sich noch einmal in die Situation und erleben Sie jetzt, wie Sie sich ideal verhalten und die Situation optimal meistern. So wird Ihr Unterbewusstsein diese lebendige Imagination als Erfahrung speichern und mit der Zeit, unterstützt durch mehrfaches Wiederholen, das erwünschte Verhalten annehmen. Um Ihr Unterbewusstsein besonders zu beeindrucken und damit diesen Prozess zu beschleunigen, stellen Sie sich dabei auch das freudige Gefühl und die Zufriedenheit ganz lebendig vor, nun richtig und wirklich Ihnen entsprechend gehandelt zu haben. Machen Sie jeden Abend eine »Tages-Rückschau«, um die Ereignisse des Tages noch einmal kritisch zu prüfen und gegebenenfalls umzuerleben. Auf diese Weise werden Sie sich immer weiter in Richtung Ihres inneren Wertmaßstabes entwickeln und letztlich immer nach dem letzten Stand Ihrer Erkenntnis handeln. Mit Hilfe das »Armtestes« können Sie zuverlässig feststellen, ob die Situation wirklich umerlebt ist. Halten Sie einen Arm, gleich welchen, waagerecht zur Seite und lassen Sie einen anderen auf Ihren Arm drücken, um festzustellen, wie viel Kraft vorhanden ist. Dann stellen Sie sich die umerlebte Situation ganz lebendig vor und lassen erneut drücken. Geht der Arm jetzt leichter herunter oder haben Sie gar nicht die Kraft, ihn unter Druck oben zu halten, dann sollten Sie das mentale Umerleben weiter wiederholen, bis der Arm stark bleibt. Bleibt er beim ersten Versuch gleich stark oder ist er gar stärker als zuvor, dann haben Sie es geschafft, die Situation ist wirklich mit allen Folgen umerlebt.

Wann immer Sie so ein vergangenes Ereignis umerleben, wird es neu geboren. Die bisherige energetische Prägung wird aufgelöst und es entsteht eine neue energetische Prägung mit den entsprechenden Folgen. Das Ausmaß der Vorstellung muss einem anderen, der nicht mit der Kraft der Imagination arbeitet, völlig unglaubhaft erscheinen. Mit dem Umerleben sollten Sie auch Ihre Aufmerksamkeit vom nicht revidierten Ereignis völlig abziehen und sich ganz dem revidierten Tag zuwenden, denn das ist jetzt Ihre neue Wirklichkeit. Wer seine Tage nicht auf diese Weise regelmäßig umerlebt, verzichtet auf einen großartigen Teil seines geistigen Erbes, die schöpferische Imagination.

Haben Sie aber die segensreiche Wirkung des mentalen Umerlebens erkannt, sollten Sie sich einmal die Zeit nehmen, Ihr ganzes bisheriges Leben imaginativ durchzugehen und wo erforderlich – weil Ihnen nicht mehr entsprechend – umzuerleben. Konzentrieren Sie sich an einem Tag auf Ihre Kindheit und die Jahre in der Grundschule. Seien Sie bei diesem »Fundament« Ihrer Arbeit besonders gründlich, denn in dieser Zeit werden die mentalen Prägungen entstanden sein. Erleben Sie dabei nicht nur die Situation um, sondern auch Ihr Erleben und Ihre Reaktionen und natürlich die Konsequenzen, die sich aus der veränderten Situation ergeben. Nehmen Sie sich an einem anderen Tag die Jahre auf dem Gymnasium vor und wieder an einem anderen Tag ihre Lehr- und Studienjahre bis dreißig. An einem weiteren Tag erleben Sie die dreißiger bis vierziger Jahre oder beginnen noch einmal von vorn. An einem anderen Tag erleben Sie die Jahre bis fünfzig oder beginnen noch einmal von vorn. Gehen Sie so Ihr ganzes Leben wenigstens zweimal gründlich durch und erleben Sie alles mental um, was nicht mehr dem heutigen Stand Ihrer Erkenntnis entspricht. Sie haben so die Chance, Ihr Leben umzuwandeln, so als hätten Sie immer mit dem heutigen Stand Ihrer Erkenntnis gelebt. Danach werden Sie freier und leichter in eine »bereinigte« Zukunft gehen.

Hier einige Anregungen für die Nutzung der Technik des mentalen Umerlebens:

1. Das Umerleben des gerade vergangenen Tages.
Dabei auch die begleitenden Gefühle umerleben, also »umfühlen«, denn Gefühle kann man nicht umdenken. Es mit der Zeit zur Gewohnheit machen, gar nicht erst bis zum Abend zu warten, sondern die Ereignisse sofort umzuerleben, wenn Sie merken, dass es so nicht »stimmt«.

2. Die eigene Vergangenheit mental umerleben.
Einmal ein geistiges »Großreinemachen« veranstalten und mit dem Armtest überprüfen, ob die Umstände und Ereignisse auch wirklich bereinigt sind.

3. Das mentale Vorauserleben.
Erleben Sie alle besonderen Situationen voraus, die heute auf Sie zukommen (eine Prüfung, ein schwieriges Gespräch, ein Gerichtstermin) und sorgen Sie dafür, dass Sie sich beim Vorauserleben so verhalten, wie es Ihnen

entspricht. Sie können auch mehrere Versionen vorauserleben, bis eine Ihnen wirklich ganz entspricht. Dann »löschen« Sie die nicht benötigten Bilder wieder, indem Sie sie in der Vorstellung ausradieren, verbrennen oder zu Licht werden lassen. Auch hier können Sie mit dem Armtest prüfen, ob die Vorstellung, für die Sie sich entschieden haben, Sie wirklich stärkt. Nur wenn das der Fall ist, sollten Sie zufrieden sein. Ist es der Fall, sind sie bestens auf den Tag und das, was auf Sie zukommt, vorbereitet.

4. Selbsterziehung durch mentales Umerleben.
Mit Hilfe der schöpferischen Imagination können Sie auch unerwünschte Eigenschaften in erwünschte umwandeln und so den eigenen Charakter zum Ideal hin formen. Indem Sie sich verändern, verändern Sie auch ganz automatisch die vor Ihnen liegenden Umstände und Ereignisse, da diese Ihrem »Sosein« entsprechen. Auf die gleiche Weise können Sie auch eingefahrene Gewohnheiten auflösen und in erwünschte umwandeln, wenn Sie das Umerleben einige Male wiederholen.

Sie können sich mit Hilfe des mentalen Vorauserlebens auch in die Erfüllung eines Wunsches oder in einen erwünschten Endzustand versetzen und so prüfen, ob Ihnen das wirklich die erhoffte Erfüllung bringt und ob sich der Aufwand, der erforderlich wäre, auch lohnt. Ist das nicht der Fall, können Sie Ihre Kraft und Zeit in eine lohnendere Sache investieren. Ist es aber der Fall, dann wissen Sie, was auf Sie zukommt und wofür Sie sich einsetzen, und Sie leben die ganze Zeit schon in der Vorfreude.

Es ist eine überaus heilsame und gewinnbringende Übung, täglich den vergangenen Tag noch einmal so zu erleben, wie man ihn gern gelebt hätte, wobei man die Szenen revidiert und sie mit seinen Idealvorstellungen in Einklang bringt. Ein Beispiel: Angenommen, die heutige Post brachte enttäuschende Nachrichten. Revidieren Sie den Brief. Schreiben Sie ihn in Gedanken neu und bringen Sie ihn in Übereinstimmung mit Nachrichten, die Sie gern erhalten hätten. Lesen Sie dann in Ihrer Imagination den revidierten Brief immer wieder. Das ist das Wesentliche an einer Revision und Revision führt zu Aufhebung.

Jedes Mal, wenn man wirklich vergibt, was heißt, jedes Mal, wenn man das Ereignis noch einmal so durchlebt, wie man es hätte leben sollen, wird man neu geboren.

Die Aufmerksamkeit bewusst vom nicht revidierten Tag abziehen und sie mit aller Kraft und Freude dem revidierten Tag zuwenden. Wenn ein Mensch damit beginnt, auch nur einige wenige der täglichen Ärgernisse und Probleme zu revidieren, dann beginnt er, an sich selbst praktisch zu arbeiten. Jede Revision ist für ihn ein Sieg über sich selbst und daher ein Sieg über seinen Feind.

Der Kampf, den der Mensch ausficht, wird in seiner eigenen Imagination ausgetragen. Derjenige, der seinen Tag nicht revidiert, hat das Wunschbild von diesem Leben verloren, das in die entsprechende Gestalt zu übertragen die wahre Arbeit des Geistes ist.

Auf diese Weise können Sie auch Stress oder Belastungen vorwegnehmen, indem Sie die schwächende Situation, eine Prüfung, unangenehme Begegnung oder Aussprache durcherleben und dabei die Stirnpunkte halten, bis sie diese Vorstellung nicht mehr schwächt. Sie können so eine unangenehme Situation sogar im Voraus mental umerleben.

Ein Beispiel aus der Praxis:

Im Frühjahr 1978 wurde bei dem zehnjährigen Garret Porter die Diagnose gestellt: »Unheilbarer Gehirntumor.« Im Oktober 1978 wurde er zu der Psychologin Patricia Nottis gebracht, die an der Meninger Foundation bei einem Projekt mitarbeitete, wie man lernt, Krankheiten mit dem Geist zu bekämpfen.

Nach ihren Anweisungen spielte Garret nun jeden Tag in der Imagination »Krieg der Sterne«. Er stellte sich sein Gehirn als Sonnensystem vor und den Tumor als bösen, eindringenden Planeten und sich selbst als Kommandanten der Raumschiffflotte, die den Planeten zu zerstören versuchte. Ein Jahr nach der Diagnose »Unheilbarer Gehirntumor« konnte er den Tumor nicht mehr imaginieren. Eine gründliche Untersuchung zeigte, dass tatsächlich der Tumor verschwunden war. Selbst Dr. Elmer Green, berühmter Biofeedback-Forscher und Leiter des Forschungsprojektes, ist überzeugt, dass nur die Imagination für die Heilung verantwortlich ist.

Auch ich habe in meiner eigenen Praxis immer wieder einmal ähnliche Fälle erlebt. Der älteste liegt nun schon zwölf Jahre zurück. Ein neunjähriger Junge wurde zu mir gebracht, der an Leukämie litt. Von den Ärzten war er aufgegeben, so dass sich die Mutter in ihrer Verzweiflung an mich wandte. Ich brachte ihm bei, in der Imagination Trapper zu spielen, die die bösen Indianer vertreiben. Natürlich sollten immer die Trapper siegreich bleiben. Das spielte er täglich zwei bis drei Mal. Einige Monate verschlechterte sich sein Zustand weiter, dann ging es langsam aufwärts. Das letzte Mal habe ich ihn gesehen, als er siebzehn war. Er war gesund und lebensfroh und ein guter Sportler.

Die geistigen Gesetze

Unser Leben, die ganze Schöpfung ist durchdrungen von einer inneren Ordnung und diese Ordnung gehorcht bestimmten Gesetzen, den »geistigen Gesetzen«. Diese geistigen Gesetze haben einen eigenen Rhythmus und wir alle sind eingebettet in diesen Rhythmus der Schöpfung. Unser ganzes Leben vollzieht sich in Rhythmen: Einatmen und Ausatmen, Wachen und Schlafen, aktiv sein und ruhen. Eines ist ohne das andere nicht möglich, gehört zusammen, ist ein Ganzes, ist der Inhalt unseres Lebens. Lachen und Weinen, Gesundheit und Krankheit, Geben und Nehmen, Zuhören und Reden, Arbeiten und Entspannen, alles vollzieht sich in diesem ewigen Wechsel.

Auch Raum und Zeit unterliegen diesem Rhythmus mit dem Wechsel von Tag und Nacht, Sommer und Winter, Saat und Ernte, Ebbe und Flut. Alles hat seine Zeit. Würde der Bauer zur falschen Zeit säen, er könnte nichts ernten. Es ist also wichtig, diese ewigen Gesetze zu kennen, um den Rhythmus sinnvoll zu nutzen.

Seit ewigen Zeiten haben Meister aus allen Kulturen uns etwas über diese Gesetze hinterlassen. Es ist an der Zeit, dieses Erbe anzutreten, es zu sichten und zu ordnen und unser Leben damit zu bereichern. Sobald ich diese Gesetze kenne, dienen sie mir, helfen sie mir, das Richtige zur rechten Zeit zu tun und ein erfülltes Leben zu leben.

Als ich siebzehn war, wünschte ich mir vor allem, einem Meister zu begegnen, der mich in die Geheimnisse des Lebens einweiht. Der in mir Kräfte aktiviert, Fähigkeiten weckt und Erkenntnisse vermittelt, mit deren Hilfe ich meine Wünsche verwirklichen und meine Ziele sicher erreichen könnte. Mit einem Wort, der mir hilft, erfolgreich zu werden und ein erfülltes Leben zu leben. Leider ist mein Wunsch so nie in Erfüllung gegangen. So blieb mir nichts anderes übrig, als Schritt für Schritt selbst die Erkenntnisse zu erwerben.

Mein ganzes Leben lang interessiere ich mich brennend für die geistigen Gesetze, nachdem ich erkannt hatte, dass auch der so genannte Zufall klaren Gesetzmäßigkeiten gehorcht. Ich wollte verstehen, nach welchen Gesetzen das Leben abläuft, denn wir leben in einer Welt, die wir Kosmos nennen und das bedeutet – wie gesagt – Ordnung. In dieser absoluten Ordnung ist kein Platz für so etwas wie Zufall!

Alle Weisen zu allen Zeiten in allen Ländern dieser Erde haben die geistigen Gesetze erforscht und ich habe gesammelt, was sie erkannt und überliefert haben. Durch die Kenntnis der geistigen Gesetze hatten sie Macht, denn Wissen ist Macht. Generationen von Pharaonen und Hohenpriestern haben in ihrer Zeit die Macht ausgeübt, die sich auf die Kenntnis der geistigen Gesetze stützte. Heute sollten wir die Kenntnis dieser Gesetze nutzen, um uns selbst zu beherrschen und unser Leben frei zu bestimmen. Wer immer diese Gesetze kennt, dem sind sie willige und mächtige Diener. Unsere Aufgabe heute ist es nicht, Macht über andere auszuüben, sondern diese Gesetze verantwortungsbewusst zum Wohle aller einzusetzen.

20 geistige Gesetze

Alles ist eins – Die «Eine Kraft» ruht in sich – Am Anfang war der Wille des Einen, viele zu sein – Sein Wille tritt als Schöpfung in Erscheinung – Alles Sein ist Ausdruck seines Willens – Alles was ist, ist das Ergebnis des Wirkens dieser schöpferischen Urkraft.

1. Das »Gesetz der Liebe«

Die Liebe ist das Grundgesetz der einen Kraft, die wir Gott nennen. Wenn man gelernt hat zu lieben und das mit der Weisheit verbindet, dann ist man vollkommen. Das große Glück finde ich nicht dadurch, dass ich viel Liebe von meinem Partner bekomme, sondern dadurch, dass ich die eigene Fähigkeit optimiere, Liebe zu empfinden und zu verschenken. In dieser »Kunst zu lieben« liegt der ganze Sinn des Lebens.

2. Das »Gesetz der Harmonie«

Dieses Gesetz gleicht die verschiedenartigsten Wirkungen aus und sorgt so dafür, dass die Harmonie stets erhalten bleibt oder doch so schnell wie möglich wiederhergestellt wird. Aus ihm lassen sich alle anderen Gesetze direkt ableiten – sie sind in ihm enthalten.

3. Das »Gesetz der Evolution«

Das Gesetz der Evolution besagt, dass sich alles ständig verändert. Die gesamte Ordnung in der Natur, ja im ganzen Kosmos weist auf eine fortschreitende Entwicklung hin, auf ein höheres Sein. Das ewige Sein, obwohl ständig im Wandel, kann weder vermehrt noch vermindert werden – es ist! Es wandelt seine Form, seinen Ausdruck und ist doch unwandelbar «das Eine».Alles was ist, ist aus dem «Einen» gemacht, und das «Eine» ist in allem. Alles ist ein Teil des Einen und ist doch stets ein Ganzes.

4. Das »Gesetz der Schwingung«

Dieses Gesetz besagt, dass alles sich bewegt, nichts steht still, alles befindet sich in Schwingung. Jeder Gedanke, jedes Gefühl, jeder Wunsch oder Wille ist begleitet von Schwingungen unterschiedlicher Frequenz und wirkt entsprechend seiner Kraft und seinem Inhalt. Alles schwingt – alles bewegt sich – alles lebt!

5. Das »Gesetz der Polarität«

Dieses Gesetz besagt, dass alles, was ist, zwei Pole hat, aber in Wirklichkeit doch eins ist. Alle scheinbaren Gegensätze sind ihrem Wesen nach identisch, nur verschieden im Grad ihres Ausdrucks. Sobald wir zur «Ein-Sicht» kommen, erkennen wir das Eine zwischen den

Polen, die scheinbare Dualität verschwindet, wir sind wieder im «Ein-Klang» mit der Schöpfung.

6. Das »Gesetz des Rhythmus«

Alles Sein hat seinen individuellen Rhythmus, es steigt und fällt, fließt hinein und wieder heraus. Die Nacht folgt dem Tag und der Tag der Nacht. Dem Werden folgt das Vergehen, das wiederum ein neues Werden hervorbringt.

7. Das »Gesetz der Entsprechung«

Das Gesetz sagt: »Wie oben, so unten, wie unten, so oben. Wie im Kleinsten, so im Größten, wie innen, so außen.« Damit sagt das Gesetz auch, dass ein bestimmter Inhalt auch immer eine bestimmte Form haben muss. Inhalt und Form sind identisch. Und doch gibt es nur ein Leben und ein Gesetz und der darin wirkt ist Einer. Und nichts ist innen und nichts ist außen, nichts ist groß und nichts ist klein, nichts ist hoch und nichts ist niedrig in dieser »Göttlichen Weltordnung« – ALLES IST EINS.

8. Das »Gesetz der Resonanz«

Gleiches zieht Gleiches an und wird durch Gleiches verstärkt. Ungleiches stößt einander ab. Das Stärkere bestimmt das Schwächere und gleicht es sich an. Jeder kann nur das anziehen, was seiner derzeitigen Schwingung entspricht. Die vorherrschenden Gedanken, Gefühle und Neigungen eines Menschen bestimmen seine »geistige Atmosphäre« und schaffen so eine »Aura des Erfolges« oder des Misserfolges.

9. Das »Gesetz der Fülle«

Das Gesetz der Fülle besagt, dass uns die Fülle des Lebens zusteht, als unser geistiges Erbe, und dass sie uns in jedem Augenblick auch frei zur Verfügung steht. Durch unsere falsche Geisteshaltung und mangelnden Glauben wird jedoch oftmals eine Beschränkung unseres inneren und äußeren Reichtums und damit Mangel hervorgerufen. Um der Fülle ganz teilhaftig werden zu können, muss ich mein kleines Ich meinem wahren Selbst, Gott in mir übergeben.

10. Das »Gesetz der Freiheit«

Das Gesetz der Freiheit stellt den Menschen in jedem Augenblick vor die Fülle der Schöpfung und gibt ihm die Freiheit der Wahl, aber auch den Zwang zur Entscheidung. Auch wenn er sich nicht entscheidet, ist das eine Entscheidung. Der Mensch hat die Wahl, sich für den königlichen Weg der Erkenntnis zu entscheiden oder für den normalen Weg des Lernens durch Krankheit und Leid. Der Mensch hat keine Freiheit im Ziel, wohl aber im Weg.

11. Die »Gesetze des Denkens«

Jeder einzelne Gedanke verändert unser Schicksal, verursacht Erfolg oder Pech, Krankheit oder Gesundheit, Leid oder Glück. Wir müssen daher lernen, möglichst optimal mit unserem Denkinstrument umzugehen. Unsere Lebensumstände existieren nur durch unsere Gedanken – sie schaffen alle Wirkungen in unserem Leben, unsere

Wirklichkeit. Und Gedanken, die wir nichts loswerden, werden unser Los.

12. Das »Gesetz der Imagination«

Jede bildhafte Vorstellung, die uns erfüllt, hat das Bestreben, sich zu erfüllen. Jeder besitzt die Fähigkeit zur bildhaften Vorstellung. Das Bild ist die »Sprache des Unterbewusstseins« und der Seele. Die »Inneren Bilder« bestimmen den größten Teil unseres Lebens. Das Leben schafft die Lebensumstände, die wir bewusst oder unbewusst als innere Bilder sehen.

13. Das »Gesetz des Glaubens«

Der Glaube ist das Erinnern an die eigene, göttliche Natur des Menschen. Einem jeden geschieht nach seinem Glauben. Glaube ist ein »inneres Wissen«, das nicht auf äußeren Beweisen ruht. Alle Dinge sind möglich dem, der glaubt.

14. Das »Gesetz des Segnens«

Ein Segen, der in die Welt gesandt wird, ist die feinste und reinste Form von Gedankenenergie und bewegt die stärkste Kraft des Universums, die Göttliche Liebe. Diese unendliche Kraft der Liebe ist da und wartet nur darauf, von einem Schöpfer in Gang gesetzt zu werden. Alles was ist, kann ich segnen, und alles, was ich ehrlichen Herzens segne, ist im gleichen Augenblick gesegnet und muss mir zum Segen werden.

15. Das »Gesetz von Ursache und Wirkung«

Alles Geschehen auf dieser Welt gehorcht dem Prinzip von Ursache und Wirkung. »Nichts kommt von nichts« und jede Wirkung entspricht in Qualität und Quantität immer genau der Ursache. Zufall und Glück sind nur Bezeichnungen für einen nicht erkannten Zusammenhang.

16. Das »Gesetz des Schicksals« (Karma)

Schicksal ist weder unerforschlicher Ratschluss Gottes noch blinder Zufall, denn jeder bekommt immer nur das, was er selbst verursacht hat, nicht mehr und nicht weniger und nichts anderes. Jeder Gedanke, jedes Gefühl und jedes Wort ist eine Ursache, der eine entsprechende Wirkung folgt. Unser Schicksal ist die Summe der Folgen unserer Entscheidungen. Das Gesetz des Schicksals belohnt weder noch bestraft es, es konfrontiert den Menschen nur mit den Folgen seines Tuns. Das Gesetz des Schicksals kann aber einen Menschen nur so lange erreichen, wie er aus eigenem Willen handelt. Sobald er seinen Willen in den Schöpfungswillen einfließen lässt, ist er im »reinen, folgenlosen Tun« und frei von Schicksal.

17. Das »Gesetz der Wiedergeburt«

Da die Lebensspanne eines Körpers viel zu kurz ist, um unseren Seinsauftrag auszuführen, die Vollkommenheit unseres wahren Selbst vollkommen zum Ausdruck zu bringen, bekommen wir so lange eine neue Chance, bis wir irgendwann unseren Seinsauftrag ausgeführt haben. Hierzu werden wir in immer neuen Körpern wiedergeboren.

18. Das »Gesetz der Gnade«

Gnade ist der durch den Menschen wirkende Geist Gottes, der ihn sicher führt und verwandelt, sobald er darum bittet. (Bittet und euch wird gegeben werden.) Gnade ist, dass wir der allumfassenden Liebe Gottes jederzeit und überall teilhaftig werden können, indem wir uns ihr zuwenden und uns ihr öffnen. Auch Karma ist ein Ausdruck der Liebe Gottes und damit Gnade, die darin besteht, dass er uns nicht nur zur Vollkommenheit berufen hat, sondern uns durch das Gesetz des Schicksals auch mit absoluter Sicherheit zu diesem Ziel führt.

19. Das »Gesetz des Glücks«

Nichts, was man im Außen haben kann, macht wirklich glücklich, denn das Glück kann ich nur in mir finden. Ich finde das Glück in mir, unabhängig von allen Umständen, indem ich bedingungslos JA sage zum Leben, so wie es ist.

20. Das »Gesetz des Dankens«

Das Geheimnis des unaufhörlichen Dankens für alles, was ist, lässt den Glauben tätig werden, der Berge versetzt. Indem ich mein Herz erfülle mit Dankbarkeit, beginnt die Höchste Kraft des Universums durch mich zu wirken, denn ein liebevolles Herz ist der reinste Kanal für das Wirken der Liebe Gottes.

Gehe oft in die Stille und
pflege den Umgang mit dir selber,
mit deinem innersten Selbst.
Je besser du mit dir zurechtkommst,
desto besser wirst du
mit anderen auskommen.

Alles ist in Schwingung

Führen wir uns noch einmal vor Augen. Gleiches zieht Gleiches an und wird durch Gleiches verstärkt. Ungleiches stößt einander ab. Das Stärkere bestimmt das Schwächere und gleicht es sich an. Jeder kann nur das anziehen, was seiner derzeitigen Schwingung entspricht. Angst zieht also an, was wir befürchten. Unser Verhalten bestimmt unsere Verhältnisse.

Wenn Sie auf einem Klavier eine Taste anschlagen, so beginnen all jene Klaviersaiten mitzuschwingen, die einen Oberton dieser Saite darstellen, also gleichartig sind. So wird jeder Körper von allen Klängen in Schwingung versetzt, die auf seiner Eigenfrequenz liegen. Dies gilt jedoch nicht nur im Bereich der physikalischen Körper, sondern ganz besonders für den Bereich des seelischen Erlebens, in dem wir Energien, Schwingungen und Stimmungen aufnehmen, für die wir empfänglich sind. Körper oder Seelen nehmen also verwandte Schwingungen auf und stimmen ein in die Klänge ihrer Umgebung.

Das Gesetz der Resonanz ist also das Gesetz von der Übertragung von Energie, denn jede Schwingung überträgt die in ihr wirkende Energie auf jeden gleich schwingenden Körper. Gleich gestimmte Körper und Seelen verstärken dadurch gegenseitig ihre eigene Schwingung und damit die ihnen wesensgleiche Energie. Je nach unserem »Gestimmt-sein« sind so positive wie negative Beeinflussungen möglich. Alle Massenbewegungen beruhen auf der Wirkung des Resonanzgesetzes.

Es liegt jedoch in der Freiheit unserer Wahl, welchen Schwingungen wir uns öffnen, welchen wir uns verschließen, welche wir verstärken oder reduzieren. Darauf beruht die Wirkung der Mantras und der heiligen Gesänge, dass wir uns durch das Singen auf die innewohnende Energie einschwingen und diese in uns wirken lassen. Durch das Einschwingen auf diese hohen Schwingungen können wir in uns Bereiche aktivieren, die bisher zwar latent vorhanden, aber nicht wirksam waren.

So bringt uns die Integration des »Urlautes der Schöpfung«, des Wortes »OM«, in Resonanz mit der Schwingung des Höchsten in uns, mit unserem Wahren Selbst oder Gott in uns.

Jeder Mensch kann immer nur jene Bereiche der Wirklichkeit wahrnehmen, für die er »Resonanzfähigkeit« besitzt. Das gilt nicht nur für den Bereich der sinnlichen Wahrnehmung, sondern für die Wahrnehmung der gesamten Wirklichkeit. Was außerhalb seiner Resonanzfähigkeit liegt, wird von dem Menschen nicht wahrgenommen – existiert für ihn nicht, ist aber natürlich trotzdem vorhanden. Obwohl wir wissen, dass wir mit unseren physischen Augen nur 8 Prozent des vorhandenen Lichtspektrums sehen können, neigen wir dazu, die übrigen 92 Prozent der Wirklichkeit als nicht vorhanden anzusehen, weil wir sie nicht wahrnehmen können.

Wir ziehen unserem Denken und Fühlen gemäße Lebensumstände und Ereignisse in unser Leben. Wird jemand in einen Unfall verwickelt oder gerät in eine Schlägerei, dann niemals zufällig, sondern immer auf Grund der eigenen Affinität zu einem solchen Ereignis. Ohne diese Affinität hätte sich ein solches Ereignis niemals als Ereignis für ihn manifestieren können.

Der Mensch ist imstande, neutrale kosmische Elektronenenergie, die überall vorhanden ist, aufzunehmen, sie mit beliebigen Gedanken oder Gefühlsenergien zu prägen und die so selbst geschaffene Schwingungsfrequenz abzustrahlen. Diese so bewusst oder unbewusst ausgestrahlte Energie zieht entsprechende Ereignisse an und bringt sie als Lebensumstand oder Erlebnis seinem Erfahrungsbereich zurück. Unser Denken und Fühlen ist ein unsichtbarer Magnet, der alles unaufhörlich anzieht, was in der Welt mit ihm übereinstimmt.

Wie im »Gesetz der Resonanz« aufgeführt, bestimmen die vorherrschenden Gedanken, Gefühle und Neigungen eines Menschen seine »geistige Atmosphäre« und schaffen so eine »Aura des Erfolges« oder des Misserfolges. Dieses »gewisse Etwas« eines Menschen kann jeder fühlen und reagiert darauf mit Sympathie oder Ablehnung. Wie man ein Krankenzimmer durch entsprechende Infektionsmittel von Krankheitskeimen befreit, so kann man die geistige Atmosphäre eines Raumes durch bewusste positive Ausstrahlung »bereinigen«.

Wenn mich etwas ärgert, kränkt, beleidigt, verletzt oder sonst wie trifft, dann nicht wegen des Verhaltens der anderen, das ist nur der Auslöser. Die Ursache liegt in mir, weil etwas von dem Verhalten des anderen noch in mir ist und durch sein Verhalten nur in Resonanz versetzt wird. Es ist daher nicht sinnvoll, mich über sein Verhalten zu ärgern, sondern diese Eigenschaft in mir aufzulösen, damit sie bei nächster Gelegenheit in mir nicht mehr in Resonanz versetzt werden kann und ich frei bin.

Obwohl jeder Mensch nur eine begrenzte Resonanzfähigkeit besitzt, glaubt jeder, die ganze Wirklichkeit wahrzunehmen. Wenn jemand ein Buch liest, glaubt er das ganze Buch aufgenommen zu haben. Liest er das gleiche Buch jedoch Jahre später wieder, wird er oft ganz andere Dinge daraus entnehmen. Da sich inzwischen sein Bewusstsein und damit seine Resonanzfähigkeit erweitert hat, kann er einen größeren Teil der Wirklichkeit erfassen.

Durch unsere spezielle Resonanzfähigkeit erleben wir auch immer wieder einmal »sonderbare Zufälle«. Ein Musiker wird so immer wieder einmal »zufällig« auf der

Straße einen anderen Musiker kennen lernen. Ein Wissenschaftler wird »zufällig« in einer Zeitung, die er auf einer Parkbank findet, einen Artikel seines Spezialgebietes finden und so weiter. Sobald wir innerlich für eine bestimmte Erfahrung oder Begegnung reif sind, richten wir uns geistig auf eine solche Erfahrung aus und das entsprechende Erlebnis wird uns durch das Gesetz des Schicksals zugeführt. Sind wir jedoch für ein solches Erlebnis noch nicht bereit, so wird uns auch angestrengtes Wollen und Bemühen nicht weiterbringen.

Da jeder Mensch, bedingt durch seine unterschiedliche Resonanzfähigkeit, einen anderen Teil der Wirklichkeit wahrnimmt, lebt jeder in einer »anderen Welt«. Durch seine Resonanzfähigkeit erschafft er sich seine eigene Welt. Diese Welt hat noch niemand außer ihm je gesehen und in dieser Welt lebt er völlig allein.

Ein Beispiel: Nehmen wir einmal an, Sie haben ein Radio, bei dem UKW eingestellt ist. Die anderen »Einstellungsmöglichkeiten« kennen Sie gar nicht. Sie können nun die ganze Bandbreite des Empfanges durchprobieren, Sie werden stets nur Programme empfangen, die auf UKW ausgestrahlt werden. Ihr Freund hat das gleiche Radio, das aber ist auf Mittelwelle eingestellt. Nun unterhalten Sie sich mit Ihrem Freund über das Programm, aber das, wovon er spricht, können Sie beim besten Willen nicht wahrnehmen, und er versteht nicht, wovon Sie sprechen, denn Ihre Beschreibung passt wiederum nicht auf das Programm, das er wahrnimmt. Sie bräuchten dabei nur zu lernen, sich auf die gleiche Frequenz einzustellen, das heißt, auf einen anderen Knopf zu drücken, und schon würden Sie sich verstehen, weil Sie das gleiche Programm empfangen. Nun sprechen Sie mit einem dritten gemeinsamen Freund, der aber hat einen Fernsehapparat und schwärmt von den Filmen, die er sieht. Sie könnten ihn beide nicht verstehen, da Sie beide mit ihren Radios keine Bilder empfangen können.

Dabei sind die Bilder wie die Radioprogramme ständig vorhanden. Es kommt auf unseren Apparat und unsere Einstellung an, ob wir sie empfangen.

Wie wir im Fernsehen ein anderes Programm einstellen, wenn uns das alte nicht mehr gefällt, so können wir auch im Leben durch eine veränderte innere Einstellung andere Lebensumstände anziehen. Bevor wir Erfolg haben, müssen wir uns erst innerlich für den Erfolg bereitmachen. Sind wir der festen inneren Überzeugung, dass wir erfolgreich sind, werden wir mit »glücklichen Zufällen« geradezu überhäuft.

Durch das Gesetz der Resonanz erhält auch das Gesetz der Fülle einen ganz neuen Aspekt, denn es zeigt uns, dass wir nur so viel erhalten können, wie wir in der Lage sind anzunehmen und von der Qualität, die der Schwingung unseres Bewusstseins entspricht. Aber was immer wir im Bewusstsein lange genug festhalten ist gezwungen, in der Außenwelt Tatsache zu werden.

Selbst wenn ich nicht bewusst denke: »Ich bin arm«, bin aber in diese Welt gekommen mit der unbewussten Neigung, Armut zu denken, werde ich auch im Außen arm bleiben, solange ich diese Denkweise nicht bewusst ändere. Denn auch wenn ich das Gesetz der Resonanz nicht kenne oder sein Funktionieren nicht verstehe, wird es doch wirken, denn es ist Teil der Wirklichkeit. Und Wirklichkeit wirkt, ob ich sie kenne oder an sie glaube oder nicht.

Es genügt, wenn man sich bewusst macht, dass man etwas wirklich braucht, und man wird es in kurzer Zeit, auf oft wunderbare Weise, bekommen. Vielleicht befassen Sie sich plötzlich mit einem ausgefallenen Thema und Sie bekommen ebenso unerwartet von jemandem ein Buch zu genau diesem Thema geschenkt. Kurz darauf lesen Sie zum ersten Mal etwas darüber in einer Illustrierten und bei einem Freund stellen Sie im Gespräch fest, dass er sich schon länger mit dem gleichen Thema befasst. Hinter solchen »Zufallsketten« steckt immer das Gesetz der Resonanz. Ohne die innere Bereitschaft ist alles Suchen im Außen sinnlos, und mit dieser Bereitschaft wird alles Suchen überflüssig; das was Sie wirklich brauchen, findet Sie.

Wir sind umgeben von und eingetaucht in vollkommenes, gesundes, harmonisches und glückliches Leben, können davon aber nur so viel durch uns verwirklichen, wie es unserem Bewusstsein möglich ist, zu erfassen. Erfassen aber heißt glauben. Nur mein Glaube begrenzt die Verwirklichung der Fülle des Lebens.

Vom Umgang mit dem Glauben

> Wissen stellt Tatsachen fest –
> Glaube schafft Tatsachen

Der entscheidende Faktor bei der Schaffung unserer Realität ist der Glaube. Das geschieht so selbstverständlich, dass wir es gar nicht mehr bemerken.

Ein Beispiel:

Sie haben etwas vor, ganz gleich, um was es sich handelt. Das Erreichen einer neuen Position oder einen ganz neuen Arbeitsplatz. Die Verwirklichung eines Projektes oder die Vertiefung einer Beziehung. Der Glaube bestimmt ALLE Bereiche des Lebens. Bewusst oder unbewusst prüfen Sie zunächst, ob das Vorhaben innerhalb der Grenzen Ihres Glaubens liegt. Ist das nicht der Fall, bemühen Sie sich erst gar nicht. Sie nehmen die veränderbare Grenze Ihres Glaubens als gegebene Tatsache. Liegt das Vorhaben innerhalb der Grenzen Ihres Glaubens, befassen Sie sich mit der Planung der ersten, konkreten Schritte.

Kaum jemandem ist in dieser Phase bewusst, dass es seine eigene Schöpfung war, das Ziel außerhalb oder innerhalb der Grenzen seines Glaubens anzusiedeln. Wir stützen uns dabei auf unsere »Erfahrung«.

Bei der Durchführung der ersten Schritte auf dem Weg zum Ziel kommt es in jedem Fall bereits zu einer Veränderung im Glauben. Sind die ersten Ergebnisse ermutigend, halten wir den Erfolg nicht mehr nur für möglich, sondern nun erscheint er erreichbar. Wieder haben wir etwas geschaffen, wir haben das Ziel in unsere Reichweite verlegt.

Die Erfahrung der ersten Schritte hat unseren Glauben gestärkt und so unternehmen wir weitere Schritte. Irgendwo auf diesem Weg »entsteht« in uns die Gewissheit, dass wir unser Ziel erreichen. Wir haben, meist unbewusst, unseren Glauben bereits am Ziel festgemacht und damit ist es bereits geschehen. Unser Glaube hat das Ziel bereits verwirklicht, nun braucht es nur noch »in Erscheinung zu treten«.

Keinem ist bewusst, dass bereits vor der Planung des ersten Schrittes feststand, ob diese Schritte zum Erfolg führen werden oder nicht, und diese »Tatsache« kann mit dem Armtest auch sichtbar gemacht werden. Mit seiner Hilfe können wir vorher feststellen, ob wir ein Ereignis »her-geglaubt« oder »weg-geglaubt« haben. Dabei sollten wir unterscheiden zwischen wirklichem Glauben und bloßer Meinung. Eine Meinung ist Denken ohne die Wurzel des Glaubens und hat keine wirklichkeitsschaffende Kraft. Wirklicher Glaube hingegen ist immer wirklichkeitsschaffend.

Aus diesem einfachen Beispiel können wir nicht nur erkennen, wie stark und entscheidend der Glaube an der Schaffung dessen beteiligt ist, was wir Realität nennen, wir sehen auch, dass der Glaube keine konstante Größe ist und ständigen Veränderungen unterworfen ist, die wir natürlich auch bewusst herbeiführen können. So können wir unseren Glauben an der Erfahrung wachsen lassen oder ihn aus dem gleichen Grund schwächen oder gar auflösen. Wir rücken das, was wir glauben, immer wieder in den Bereich der Tatsachen, und dann bestätigt die Realität auch noch diesen Glauben. Das heißt, ganz gleich, ob Sie glauben, etwas zu schaffen oder nicht, Sie werden in jedem Fall Recht behalten.

Wenn wir etwas nicht für möglich halten, sollten wir noch unterscheiden, ob wir es zeitlich oder räumlich »weg-geglaubt« haben. Ist es nur zeitlich weggeglaubt, können wir es »mit der Zeit« doch noch erreichen. Haben wir es räumlich weggeglaubt, ist es für uns unerreichbar, es sei denn, wir glauben es irgendwann doch noch näher, dann wird es erreichbar, oder wir glauben es her, dann wird es Realität. Entscheidend bei all dem ist immer nur unser Glaube.

Wenn wir etwas nicht für möglich halten, finden wir natürlich auch gute Argumente dafür, warum es gar nicht möglich sein kann:

- Die Umstände machen es unmöglich.
- Es fehlen die geeigneten Mitarbeiter.
- Es ist zeitlich gar nicht zu schaffen und so weiter.

Kaum jemand macht sich bewusst, dass dies alles Variable sind, die ja gerade von unserem Glauben abhängig sind, das heißt konkret, von unserem Glauben erst geschaffen werden.

Wenn die Umstände derzeit ungünstig sind, dann heißt das doch nur, dass bessere Umstände geschaffen werden sollten. Wenn keine geeigneten Mitarbeiter zur Verfügung stehen, dann ist das doch nur eine Aufforderung, sie durch entsprechenden Glauben nach dem Gesetz der Resonanz anzuziehen.

Wenn etwas zeitlich unmöglich ist, dann braucht es vielleicht mehr Hände, mehr Geld oder einen neuen Weg, damit wir glauben können, es doch noch in der zur Verfügung stehenden Zeit zu schaffen.

Woran es wirklich fehlt ist immer nur der Glaube. Alles, was ich bisher nicht glauben konnte und damit unmöglich machte, kann jederzeit »um-geglaubt« werden, und dann wird es nicht nur möglich, sondern sicher.

Wissen stellt Tatsachen fest –
Glaube schafft Tatsachen

Abschluss-Meditation

Ich bin bereit, alles loszulassen, was nicht mehr wirklich zu mir gehört, und »stimmig« zu leben, so wie ich von der Schöpfung »gemeint« bin. Ich erinnere mich immer wieder an mich selbst und lebe als ich selbst. Ich gehe ins Meister-Bewusstsein und bleibe auch mit offenen Augen im Meister-Bewusstsein – spüre, wie mich das Bewusstsein des Meisters, der ich bin, ganz erfüllt – spüre, wie dieses Meisterbewusstsein behutsam mein Denken lenkt und mein Handeln bestimmt. Dieser Körper ist jetzt der Körper des Meisters, der ICH BIN, und ich spüre, wie mein Körper, mein ganzes Sein dadurch »heil« wird und in diesem Bewusstsein auch bleibt.

Ich schaue, worauf dieses Meisterbewusstsein meinen Willen lenkt – erlebe bewusst, was das ICH BIN durch mich will. Ich bin ein Werkzeug des einen Willens der Schöpfung – des einen Bewusstseins. Wo ich auch bin und was immer ich tue, es geschieht Schöpfung durch mich.

Ich erkenne mein EGO dankbar als Freund und Lehrer, der mich immer sofort aufmerksam macht, wenn ich nicht »ich selbst« bin. Nun helfe ich meinem Freund und Lehrer EGO zu erkennen, dass seine Aufgabe erfüllt ist und auch das EGO ein ungetrennter Teil des Einen ist. So kann sich auch das EGO mit dem ICH BIN identifizieren. Ich ziehe meine Alltagspersönlichkeit mit allen Eigenschaften aus und lasse sie los. Ich gehe durch die Welt und tue, was zu tun ist, ohne auf Dank zu achten.

Da ist niemand mehr, der Probleme, eigene Wünsche oder Ziele haben könnte, der krank werden könnte und Botschaften braucht, niemand, der leiden könnte. Als ICH BIN habe ich die Fülle im Hier und Jetzt und alles, was ich wirklich brauche, »geschieht« durch mich.

Ich weiß, dass alles bereits als Idee, als Möglichkeit vorhanden ist – ich brauche es nur noch »in Erscheinung« zu rufen. Durch die Imagination wird die Zukunft zur Gegenwart. So lebe ich mehr und mehr nicht mehr aus meiner Vorstellung, sondern aus der Vorsehung. Ich habe mich erkannt, bin zu mir selbst erwacht und bereit, »hervorzutreten« und zu leben als Ebenbild Gottes.

Ich erhebe nun einmal das Zentrum meines Bewusstseins in das »dritte Auge«, den Mittelpunkt der Stirn, und aktiviere so meine innere Wahrnehmung, erkenne die Wirklichkeit hinter dem Schein.

Und nun verlege ich das Zentrum meines Bewusstseins über meinen Kopf und nehme mich und die Welt und das Leben von diesem Punkt außerhalb meines Körpers wahr. Erkenne, ich bin nicht im Körper, sondern der Körper ist in mir.

Ich bin nicht der Körper, nicht der Verstand und nicht mein Gemüt. Ich bin nicht der Name, den ich trage, und nicht die Rolle, die ich spiele. Ich bin der, der die Gedanken denkt, die Gefühle fühlt. Ich bin Bewusstsein. Ich bin ein bewusster Schöpfer aller Lebensumstände. Ich bestimme die Gesundheit meines Körpers, sein Aussehen und seine Vitalität.

Ich bin der, der diesen Körper durchdringt und belebt. Durch mein erwachtes und gerichtetes Bewusstsein kann ich dafür sorgen, dass dieser Körper jung und gesund bleibt, solange ich ihn brauche.

Ich mache mir bewusst, dass ich meinen Körper in jedem Augenblick neu erschaffe. Ich habe die Wahl, das in diesem Augenblick bewusst zu tun. Und so erschaffe ich mir jetzt ganz bewusst meinen »wahren Körper«, der mir ganz entspricht, so wie ich vom Leben »gemeint« bin. Ich erschaffe diesen Körper zunächst in meiner Vorstellung, mit allen Eigenschaften und Kräften und dem Aussehen, das mir selbst entspricht. Dieser Körper ist vollkommen gesund, wie das Selbst, das ICH BIN vollkommen gesund ist. Ich benutze meine Schöpfungskraft, um diesen Körper nun in Erscheinung treten zu lassen.

Ich versetze den so geschaffenen Körper mit Hilfe meiner Vorstellungskraft jetzt in eine natürliche Umgebung meiner Gegenwart. Erlebe meinen neuen Körper in immer neuen Situationen meines derzeitigen Lebens. Ich vergewissere mich, dass er alle Eigenschaften und Fähigkeiten hat, die ich ihm geben wollte und lasse diesen neuen Körper jetzt lebendig werden. Sobald ich ganz zufrieden bin mit meinem neuen Körper, nehme ich ihn in Besitz, indem ich in ihn »eintrete«. Ich lasse ihn so als meinen derzeitigen Körper lebendig werden, indem ich als dieser Körper atme.

Als ICH SELBST bin ich auch eins mit dem »Informationsfeld des Allbewusstseins«. Alle Information steht mir zur Verfügung und ich erkenne, worauf ich mein Bewusstsein richte. Ich erkenne die Antwort auf jede Frage, die Lösung jedes Problems. Absolute Fülle umgibt mich an Information, Wissen und Erkenntnis.

Wann immer ich eine Frage habe, brauche ich sie mir nur bewusst zu machen und das Leben antwortet. Und ich erkenne, ich habe alles Wissen der Welt, sogar das noch nicht offenbarte, in mir. Dort wartete es seit ewigen Zeiten darauf, dass ein erwachtes Bewusstsein es wahrnimmt.

Ich bin bereit, mich in das »morpho-genetische Informationsfeld des Allbewusstseins« einzuschalten und in ständigem, bewussten Kontakt mit ihm zu bleiben, indem ich mein Scheitelchakra durch eine entsprechende Imagination öffne und mir vorstelle, dass über das offene Chakra das höchste Prinzip, die eine Kraft einströmt und sich als Intuition manifestiert. Ich gestatte ihr, mich ganz zu erfüllen und behutsam mein Denken zu lenken und mein Handeln zu bestimmen, bis ich ganz aus dieser Kraft und Intuition lebe.

Ich bin nur noch der stille und dankbare Beobachter des Seins, erlebe dankbar, was geschieht. Ich kann jederzeit mit meinem Leben und dem Sein in einen Dialog treten, kann Fragen stellen, um Führung bitten oder um eine Entscheidung, um ein Signal. Je mehr ich mich aber öffne, je mehr ich ICH SELBST bin, desto schneller reagiert das Leben, bis mir die Antwort bewusst wird, bevor ich die Frage stellen kann. Bin ich dann ganz ICH SELBST, brauche ich keine Antworten mehr, weil die Fragen verschwinden. Das Urteilen verschwindet und wird zur Wahrnehmung. Das Gegenteil verschwindet und wird zur Einheit, zum Teil, der das Eine erst ganz sein lässt. Das Äußere ist nur noch ein Spiegel des sonst unsichtbaren Inneren und damit wieder Teil des Ganzen. Und ich erkenne das Ewige in mir und mich als Teil von ihm, als Teil und als das Ganze. Leben ist nur noch Begeisterung und eine Liebeserklärung an das Sein – reine Freude.

Ich lebe ständig in dem Bewusstsein, dass alles, was ist, zu meinem Besten geschieht. Alles will mir nur dienen und helfen, alles ist für mich da und mir kann nichts mehr geschehen, denn ICH BIN, ich war immer und werde immer sein, und keine Macht der Welt kann daran etwas ändern. Ich kann auch nichts mehr verlieren, denn ich besitze nichts mehr. Alles ist eine Leihgabe des Lebens, die mir zur Verfügung steht, solange ich sie brauche. Wird sie mir genommen, ist das nur ein Zeichen dafür, dass ich sie nicht mehr benötige, und so lasse ich sie wieder los, um das in Empfang zu nehmen, was ich jetzt brauche. Und immer ist alles da, das Richtige und zur rechten Zeit. Ich bin eingebettet in die Geborgenheit des Lebens und das Leben geschieht durch mich.

Ich habe erkannt, dass mein wahres Wesen und die Eine Kraft identisch sind und lebe und handle aus dieser Einheit. Ich habe aufgehört zu suchen, denn ich habe gefunden, habe »mich selbst« gefunden und bin damit am Ziel.

Ich lasse mich von der Freude führen, erfülle den Augenblick und lebe »stimmig« in der alles durchdringenden Klarheit. Ich ruhe in meiner Mitte – bin reines Sein. Ich besitze nichts, aber bin alles.

Ich bin der bewusste Denker, nicht der Gedanke.

Ich bin der, der fühlt, nicht mein Gefühl.

Ich bin der bewusste Beobachter meines Lebens.

Ich bin Geist – Bewusstsein – bewusster Geist.

Das Leben »geschieht« durch mich.

Ich lasse das Denken los, lasse es ohne Beachtung geschehen, mache mir keine Gedanken über die Gedanken.

Ich sitze auf einem hohen Berggipfel und nehme alles wahr. Ich bin im Einklang mit Körper, Seele und Geist.

Es atmet mich, und über den Rhythmus des Atems bin ich im Einklang mit allem.

Ich nehme wahr, wie die Eine Kraft in jede Zelle meines Körpers strömt und mich ganz erfüllt.

Ich spüre, wie mein ganzer Körper pulsiert im Rhythmus der Schöpfung.

Es lebt durch mich – es handelt durch mich. Ich öffne die »Tore der Wahrnehmung« meiner Seele, erlebe die »Unendlichkeit des geistigen Raumes«.

Mein Bewusstsein öffnet sich ganz weit – ich werde immer weiter – grenzenlos – allumfassend.

Höchstes Bewusstsein strömt über mein Scheitelchakra in mich ein, lenkt behutsam mein Denken und bestimmt mein Handeln, erfüllt mein ganzes Sein.

Ich bin eins mit dem höchsten Bewusstsein – bin eins mit dem Höchsten – ICH BIN.

Das ganze Universum ist mein Körper

Ich bin ALLES

ICH BIN wieder ganz bewusst der ICH BIN.

ICH BIN!

Ich bin bereit, als bewusster Schöpfer die Schöpfung mitzugestalten. Von nun an bestimme ich nicht nur mein Schicksal, sondern das Schicksal eines immer größeren Teils des Universums, bis ich mich als Ganzes erkannt habe und das Ganze bestimme.

In diesem Bewusstsein gehe ich von nun an durch mein Leben und wohin ich auch komme, wird die Welt lichter und liebevoller, durch mein So-sein. In diesem Bewusstsein kehre ich nun wieder zurück, an die Oberfläche des Seins, zurück ins HIER und JETZT. Wann immer ich bereit bin, öffne ich meine Augen, gestatte meinem Körper, sich wieder frei zu bewegen, bin wieder ganz im Hier und Jetzt, aber ich bin hier als der, der ich wirklich bin, als vollkommenes, ewiges Bewusstsein.

Dein Lebensweg

Niemand kennt den Weg, den du vor dir hast. Noch nie ist jemand diesen Weg gegangen und niemals wird ein anderer diesen Weg gehen, denn es ist DEIN WEG.

Er ist so einmalig, wie du einmalig bist. Ja, du bist einmalig und du hast einen wertvollen Beitrag in deinem Leben zu leisten auf deine ganz besondere, einmalige Art, deine wahre Bestimmung.

So gehe deinen Weg, gehe ihn auf deine einmalige Art, aber versuche nicht, möglichst schnell am Ziel zu sein, denn es gibt kein Ziel. Der Weg ist das Ziel, das Ziel ist nur das Ende des Weges und der Anfang eines neuen Weges.

Also genieße deinen Weg,
Deinen einmaligen, wundervollen Lebensweg,
Lass dich jeden Tag vom Leben beschenken, und wenn du bereit bist, lass dich vom »Inneren Meister« führen,

Damit du die einmalige »Melodie deines Lebens« immer reiner in dir hörst und singe, denn alles findet nur dir zur Freude statt.

Die ganze Schöpfung ist für Dich da!

Zum Schluss

Wenn ich mehr Glück als Verstand haben will, darf ich den Verstand meinem Glück nicht mehr in den Weg stellen.

Wenn ich wirklich die Chance genutzt habe, dann gehe ich »unbeeindruckt« durchs Leben. Mein Leben wird nicht mehr von alten Verhaltensmustern, Erwartungen und Wünschen bestimmt, sondern von meinem wahren Sein. Ich bin nicht mehr gut oder schlecht, sondern echt, ehrlich und authentisch. Ich habe die Krise verstanden als Aufforderung, mich zu öffnen, dem Leben, der Liebe, mir selbst. Ich habe Abschied genommen von dem, der ich bin und der ich bis dahin war, um ganz der zu sein, der ich jetzt bin. Ich genieße das Leben, ganz gleich was kommt.

Irgendwann wird die nächste Aufgabe des Lebens an mich herantreten und ob ich will oder nicht, ich werde mich ihr stellen müssen, aber ich entscheide, mit welcher Einstellung ich an sie herangehe. Ob ich sie als unerwünschte Schwierigkeit auf meinem Weg und unnötiges Leid ansehe, das mir die Freude am Leben nimmt, oder ob ich sie wieder als Chance erkenne, als Geschenk des Lebens an mich und als Möglichkeit, eine neue Ebene des Seins zu erreichen. Eine Ebene, auf der ich mir selbst noch näher bin, auf der die Freude am Leben noch größer ist. Mit dieser Einstellung macht schon die Chance zum Wandel Freude, und ich nehme die Herausforderung gerne an, ja, mit der Zeit schätze ich die Zeiten der Herausforderung mehr als die ruhigen Zeiten, die das Leben mir auch immer wieder bietet, weil ich erkannt habe, dass ich mit der Lösung jeder Aufgabe meinem Ziel näher komme. Doch ganz gleich, worin die Aufgabe bestehen mag, das Ziel bin immer ICH SELBST.

Dann erkenne ich, dass JEDER Augenblick eine Neuwerdung ist, mit allen Risiken, aber auch mit allen Chancen. Habe den Mut, mich vertrauensvoll dem Leben hinzugeben und wirklich Ja zu sagen zum Leben – zu meinem Leben! Ich erkenne mich als Teil der allumfassenden Ordnung, erkenne, dass auch ich in Ordnung bin, so wie ich bin, und nehme mich in meinem So-sein dankbar an. Ich erkenne, dass das Leben aus einer unendlichen Reihe von ersten Schritten besteht. Was immer geschieht, in dieser Situation war ich noch nie, und was immer ich gerade tue, ich tue es zum ersten Mal. Das Leben ist eine ewige Premiere, ohne Generalprobe, ist immer neu und einmalig. Aber ganz gleich, wie es geht, es geht immer gut und ich habe in jedem Augenblick die Wahl.

Die Wahl, mich für eine neue Ebene des Seins zu entscheiden.

Es ist wie die Verwandlung einer Raupe zum Schmetterling. Sobald die Raupe spürt, dass etwas Neues werden will, verpuppt sie sich, zieht sich zurück in einen Kokon. Jetzt in der Stille geschieht die Transformation, der Schmetterling wird geboren. Aber sobald der Schmetterling geboren ist, kann die Raupe nicht mehr Raupe sein. Die Raupe gibt es nicht mehr, sie ist jetzt ein Schmetterling. Aber sie hat keine Ahnung vom Fliegen. Davon hat sie als Raupe nicht einmal geträumt. Sie hat Angst herunterzufallen, versucht vielleicht, durch die Luft zu kriechen, wie bisher auf der Erde. Aber die bisherige Erfahrung hilft jetzt nicht mehr – sie muss fliegen lernen. Aber eine Raupe kann nicht fliegen, erst wenn sie sich bewusst als Schmetterling erkennt, sich mit sich selbst identifiziert, ist es plötzlich ganz einfach. Er ist noch nie geflogen, aber JETZT kann er es, kann sich über sein bisheriges Dasein erheben und das Fliegen genießen.

Und so kommen neue Herausforderungen auf ihn zu, neue Risiken und neue Chancen – ein neues Leben. Ein Leben auf einer anderen Ebene des Seins.

Über den Autor

Kurt Tepperwein, 1932 in Lobenstein geboren, widmete sich nach langjähriger Unternehmensberater- und Heilpraktikertätigkeit voll und ganz dem Mysterium des Lebens. Als Bewusstseinsforscher, Seminarleiter und Autor unzähliger Werke sieht er seine Aufgabe darin, sein allumfassendes Wissen sowie seine wertvollen Erkenntnisse mit allen suchenden Menschen zu teilen. Tepperwein versteht es wie kaum ein anderer, die materielle und geistige Sicht der Dinge zu umfassen und in einer harmonischen Ganzheit zu betrachten. Ergänzend zu mehr als 90 Büchern sowie zahlreichen DVDs und CDs erreichen seine beliebten Kompakt- und Ausbildungslehrgänge jede Alters- und Berufsgruppe.

144 Seiten
9,95 € (D) | 10,30 € (A)
ISBN 978-3-63607-097-5

Kurt Tepperwein

Loslassen, was nicht glücklich macht

Der Weg zur inneren Freiheit

Loszulassen fällt nicht jedem leicht. Dabei sehnt man sich oft danach, sich freimachen zu können von Ängsten, Vorurteilen, Problemen, Ärger, Stress und einem negativen Selbstbild.

Kurt Tepperwein zeigt den Weg zu mehr Harmonie und Ausgeglichenheit und macht Mut, das Leben neu zu ordnen. Arbeitsblätter und Meditationen machen es möglich, den persönlichen Fortschritt zu kontrollieren und sich auf das zu konzentrieren, wovon künftig das Leben bestimmt sein soll.